IFLA Guidelines
A Selected Collection　Book 1

国际图联指南选编
第一辑

中 国 图 书 馆 学 会
国际图联中文语言中心　编

国家图书馆出版社

图书在版编目（CIP）数据

国际图联指南选编．第一辑 / 中国图书馆学会，国际图联中文语言中心编．— 北京：国家图书馆出版社，2023.12
ISBN 978-7-5013-7916-3

Ⅰ.①国… Ⅱ.①中… ②国… Ⅲ.①国际图书馆协会与机构联合会－指南 Ⅳ.① G259.13-62

中国国家版本馆 CIP 数据核字 (2023) 第 216012 号

书　　名　国际图联指南选编（第一辑）
　　　　　GUOJI TULIAN ZHINAN XUANBIAN (DIYIJI)
著　　者　中国图书馆学会　国际图联中文语言中心　编
责任编辑　邓咏秋
封面设计　耕者设计

出版发行　国家图书馆出版社（北京市西城区文津街 7 号　100034）
　　　　　（原书目文献出版社　北京图书馆出版社）
　　　　　010-66114536　63802249　nlcpress@nlc.cn（邮购）
网　　址　http://www.nlcpress.com
排　　版　北京旅教文化传播有限公司
印　　装　河北鲁汇荣彩印刷有限公司
版次印次　2023 年 12 月第 1 版　2023 年 12 月第 1 次印刷

开　　本　880mm×1230mm　1/32
印　　张　5.75
字　　数　132 千字
书　　号　ISBN 978-7-5013-7916-3
定　　价　48.00 元

国际图联指南选编（第一辑）
编委会

主　编：王雁行

副主编：吴建中

编　委：聂　华　吉久明　张　靖　张　煦

　　　　郝金敏　赵大莹　邓咏秋　李晨光

前言

国际图书馆协会与机构联合会（简称"国际图联"）是世界图书馆界最具权威、最有影响的专业性国际组织。多年来，国际图联在图书馆和信息服务的各个领域制定了广泛的标准指南，为世界图书馆事业发展提供了重要的指导和参考。

为进一步促进我国图书馆工作者了解和使用国际图联相关标准指南，进而推动我国图书馆专业化发展，中国图书馆学会选取国际图联近年来发布和修订更新的图书馆指南，组织人员进行翻译，分辑出版。

本辑收录《国际图联图书馆情报学专业培养方案指南》《善本特藏专业人员任职资格指南》《国际图联开展数字化整合项目指南》《图书馆捐赠管理指南》《国际图联 0—18 岁儿童图书馆服务指南》共 5 部指南的中文译文。

参与翻译的人员包括：中国图书馆学会王雁行、李晨光，国家图书馆张煦、郝金敏、刘源泓、郭妮、卫萌萌、李洋，中山大学信息管理学院杨乃一、汪超敏。译文力求准确、严谨并符合中文表达习惯。

中国图书馆学会延请澳门大学图书馆馆长吴建中、北京大学图书馆研究馆员聂华、华东理工大学图书馆研究馆员吉久明、中山大学信息管理学院教授张靖、国家图书馆副研究馆员赵大莹作为审校专家对译文进行了认真细致的审校。

　　希望本书能为中国图书馆员带来指导与帮助，为图书馆事业注入活力，激发新的创意。书中不足之处，敬请批评指正。

本书编委会

2023 年 11 月

总目录

国际图联图书馆学情报学专业培养方案指南 ………… （ 1 ）

善本特藏专业人员任职资格指南 ……………………… （ 31 ）

国际图联开展数字化整合项目指南 …………………… （ 77 ）

图书馆捐赠管理指南 …………………………………… （105）

国际图联 0—18 岁儿童图书馆服务指南 ……………… （137）

1

International
Federation of
Library
Associations and Institutions

国际图联图书馆学情报学专业培养方案指南

IFLA Guidelines for Professional Library and Information Science(LIS) Education Programmes

编者：曹惠萍（Clara M. Chu）、贾耶·雷朱（Jaya Raju）、克里斯·坎宁安（Chris Cunningham）、吉久明（Jiuming Ji）、弗吉尼娅·奥尔蒂斯 – 雷皮索·希梅内斯（Virginia Ortíz-Repiso Jiménez）、艾达·斯拉夫（Aida Slavic）、安娜·玛丽亚·塔拉韦拉 – 伊瓦拉（Ana María Talavera-Ibarra）、索海米·扎卡里亚（Sohaimi Zakaria）

编者来自国际图联"打造强大的图书馆学情报学教育"（Building Strong LIS Education, BSLISE）工作组，该工作组由国际图联教育和培训专业组、图书馆理论和研究专业组、发展中国家图书馆学情报学教育特别兴趣组合作设立。

2022 年 4 月
由国际图联专业理事会审核通过

翻译：张煦、郝金敏
审校：吉久明

目录

1 引言 ·· 5

  本指南是什么？ ······························· 6

  本指南是如何编制的？ ·························· 6

  为什么应使用本指南？ ·························· 7

  在什么情况下应该使用本指南？ ·················· 7

  本指南适用于哪些群体？ ························ 7

2 图书馆学情报学专业教育层次 ··················· 8

3 目标 ·· 9

4 国际图联在提升图书馆学情报学教育质量方面的职能 ······ 11

5 指南内容 ··· 12

  第一条　指南内容基本框架 ···················· 12

  第二条　基本知识领域 ························ 13

  第三条　课程与教学法 ························ 19

  第四条　管理 ································· 21

  第五条　学术、研究、专业和支持人员 ·········· 21

  第六条　学生 ································· 23

  第七条　补充教育和职业发展 ·················· 24

  第八条　教育研究资源与设施 ·················· 25

  第九条　方案评估与创新 ······················ 26

6 参考文献 ··· 27

编者·······························28
致谢·······························29

1 引言

国际图书馆协会与机构联合会（简称"国际图联"）是一家独立的国际性、非政府、非营利组织，是图书馆学情报学领域的全球代言人。该组织致力于提升全球图书馆学情报学教育和研究的质量，保障图书馆和信息服务的质量，以体现其对于服务对象的价值。

图书馆学情报学专业人员需要获得并继续提升他们所需的知识、技能和处置能力，以便在动态的社会政治、技术和全球环境中，有效开展工作。培养适应当今和未来社会需要的图书馆学情报学专业人员的正规教育内容是跨学科的、不断变化的，非常全面。根据各国实际情况，这种正规教育可以在本科或研究生阶段设立（IFLA BSLISE Working Group, 2018）。提供学位的正规教育为受教育者提供了就业资质，而继续教育对于专业人员与时俱进非常重要。

国际图联"打造强大的图书馆学情报学教育"工作组为明确图书馆学情报学专业的范围并加深共同理解，做出了以下定义：

> 图书馆学情报学涵盖学习、研究和应用领域。在教育和学术领域，它涉及各种格式和流程的信息、处理信息的技术以及人类与信息和相关技术的互动。作为专业实践，图书馆学情报学涵盖信息生命周期的各个方面，利用有关

技术将各地民众与信息关联起来，并在文化遗产机构和广泛的信息环境中加以运用。

本指南简要介绍了图书馆学情报学专业的知识范畴（即图书馆学情报学的基本知识领域），并为该专业教育的发展提供指导（即明确一个可靠的图书馆学情报学位培养方案应具备的要素）。

本指南是什么？

本指南为制订图书馆学情报学专业培养方案提供了框架，利益相关者可在规划、制定和评估图书馆学情报学专业教育质量评估方案的过程中进行参考。本指南包含两个主要部分：图书馆学情报学的基本知识领域、强大的培养方案（这样的培养方案能为图书馆学情报学专业人员开展实践和继续发展提供专业教育）应具备的要素。本指南适用于所有类型的高等教育。

本指南是如何编制的？

国际图联"打造强大的图书馆学情报学教育"工作组的图书馆学情报学教育框架开发小组负责编制本指南，并将其作为国际图联教育和培训专业组与图书馆理论和研究专业组行动计划的一项内容。

本指南参考了已出版的文献以及现有的国家和国际标准，囊括了国际图联"打造强大的图书馆学情报教育"工作组的评估结果，并咨询了全球图书馆学情报学教育及专业利益相关者的意见。另外，本指南也参考了迭代咨询（iterative consultation）

过程中的大量反馈。欲了解项目背景和更多详细信息，请访问
https://bslise.org/。本指南取代了《图书馆学情报学专业培养方
案指南（2012）》（*Guidelines for Professional Library Information
Educational Programs, 2012*）。

为什么应使用本指南?

本指南有助于提高本科、研究生和继续教育阶段图书馆学
情报学学位培养方案的质量。根据本指南或超越本指南范畴制
订的培养方案有助于培养能够适应不断变化的全球信息环境的
图书馆学情报学专业人员。本指南可用于制订新的培养方案;
图书馆学情报学专业学院基于持续提高专业教育质量的理念,
或者按照当地政策或标准的要求持续并定期评估培养方案时,
也可参考本指南。

在什么情况下应该使用本指南?

各地在规划和制订新的培养方案，或在评估现有方案时应
参考本指南，以确保培养方案符合当地质量标准和机构使命,
同时符合相关的国际质量准则。

本指南适用于哪些群体?

本指南的适用对象包括图书馆学情报学科研人员、学生以
及教育管理部门、政府、专业机构相关人员和其他负责确保培
养方案符合国际质量准则的人员。本专业的从业人员和利益相
关者也可通过本指南了解图书馆学情报学专业人员应具备的知
识和技能。

2 图书馆学情报学专业教育层次

教育（包括它的体系和内容），是一个知识体系，其发展与本地或国际文化、经济、政治和技术背景密切相关。高等教育是图书馆学情报学专业培养方案的实施领域，其发展基于以西方、科学和记录实践为中心的特定认知方式。学术界正在发生转变，批判性地评估权力结构，并接受土著和传统的认知方式，包括口述传统，从而实现教育、学习和知识生产的去殖民化。涉及各方面信息的图书馆学情报学专业需要在教育过程中整合多种认知方式，使专业人员能够向多样化社群提供高效、公平、包容、便捷且在全球化经济中符合当地情况的服务。

图书馆和其他信息机构工作人员应具备从事专业和辅助工作所需的知识和技能。这两级工作人员的教育培训主要由高等教育机构提供，本指南侧重于专业教育。因此，本指南不探讨高等教育机构的图书馆学情报学学位培养方案应不应该包含继续教育和专业发展。继续教育的责任和规定因当地情况而异，《国际图联继续专业发展指南：原则和最佳实践》（*IFLA Guidelines for Continuing Professional Development: Principles and Best Practices*）（Varlejs, 2016）针对如何开展继续教育提供了指导。

在培养图书馆学情报学专业人员的过程中，开发跨学科和跨领域知识很重要，其中包括承认图书馆信息服务与相关领域（如档案馆、博物馆、记录管理和数据管理）之间的共性，并在计算机科学、数据科学、教育和通信等相关领域拓展具有互补性的知识。

图书馆学情报学学位培养方案以技术、学术、专业和（或）研究为重点，与专科、本科和研究生培养方案保持一致。本指南主要针对研究生和本科教育，这两个阶段都有可能提供专业资质（不同国家有所区别）。本指南没有明确的指向性，而是为提高图书馆学情报学专业教育质量提供参考信息和标准。专业院校或单位应向地方、国家和（或）国际认证机构申请对其培养方案进行认证。并非全球所有图书馆学情报学位培养方案都获得了认证（IFLA BSLISE Working Group, 2018），本指南将为没有得到认证的培养方案的持续完善提供指导。

3 目标

图书馆信息服务对于文化、科学、教育和其他领域至关重要，有助于实现个人、组织、社群和国家的可持续发展。这些关键服务由受过适当教育和培训的专业人员提供。本指南制定的教育规则，用于确保专业培养方案的质量，并确保这些培养方案获得认可或获得本地、国家级或国际层面的专业协会或政府机构的专业资质认证。本指南以公平性、多样性、包容性和可访问性原则为基础，并在培养方案的制订中推行这些原则，接受去殖民化和本土化。

本指南参考了为这一目的创建和定义的八个基本知识领域（详见指南内容的第二条）。基本知识领域的概念（而非现有指南中的核心知识/能力）更适合在国际范围内使用，尤其对于快速发展的领域。图书馆学情报学专业人员可以在基本知识领域的基础上进一步提高专业知识和技能，培养专业化能力并与时俱进，同时满足本地/国家/地区特定环境的要求，具体包括政府高等教育标准，国家级专业协会教育政策声明，国家认可、认证、资质和注册要求等。

在不断变化的全球和多样化背景下，本指南可作为一个宏观的框架，在本科和研究生教育层面发挥以下作用：

①与利益相关者协商，指导评估、制订和（或）完善现有的图书馆学情报学专业培养方案；

②与利益相关者协商，指导设计、规划和实施新的图书馆学情报学专业培养方案；

③指导图书馆学情报学位培养方案的质量评估；

④明确图书馆学情报学专业人员在本领域参与实践和继续专业发展应具备的知识和技能；

⑤根据公平性、多样性、包容性和可访问性原则促进图书馆学情报学专业教育的发展，依据这些原则开展图书馆学情报学实践、研究和服务；

⑥在国际层面统筹图书馆学情报学专业教育方案，同时在全球化、多元化的世界中保护本地和文化环境；

⑦协调和（或）整合文化遗产机构和其他信息环境中的图书馆学情报学教育和实践；

⑧推进跨领域教育，消除信息环境中图书馆学情报学实践的组织边界；

⑨为制定区域性或全球性图书馆学情报学专业或相关领域

指南提供知识基础。

因此，本指南的主要受众包括图书馆学情报学教育学术单位及其研究人员，以及为图书馆学情报学专业培养方案制定质量标准的专业协会。次级受众包括高等教育管理部门（机构和政府）、图书馆学情报学专业学生（现有的和潜在的）、本领域从业人员，以及其他致力于推动图书馆学情报学专业教育和持续的专业发展（跨文化遗产机构和其他信息环境）的利益相关者。

4 国际图联在提升图书馆学情报学教育质量方面的职能

国际图联是一个非政府组织，在联合国教科文组织具有咨商地位，是国际科学理事会（International Science Council, ISC）的联系会员，是世界知识产权组织（World Intellectual Property Organization, WIPO）和国际标准化组织（International Organization for Standardization, ISO）的观察员。国际图联是图书馆学情报学专业的全球代言人，其使命是引领图书馆与信息服务的发展和推广。国际图联通过其下设的教育和培训专业组及其他下设机构传播关于图书馆学情报学专业教育的信息，并提供业务指导。根据本指南制定的培养方案有助于实现各地的高质量专业教育。本指南提供了一个宏观的框架，有助于推动地方/国家和国际层面图书馆学情报学学位培养方案的制订、持续改进和协调工作，还提供了必要的专业性信息，但没有提供太具体的规定。

国际图联不提供培养方案的认可或个人职业资格的认证服务，因此不强制实施本指南。地方实体可参考本指南提供的框架，并根据当地的图书馆学情报学专业要求，针对有关图书馆学情报学专业教育的地方性／地区性和（或）国际现行法律、政策和标准对本指南进行调整，以满足自身需求。从业资格认证或培养方案认证的条件可能由当地／国家级政府机构、专业协会或地方性／国家或国际层面的其他机构制定。在适当情况下，根据本指南接受全面评估的图书馆学情报学学位培养方案，可能愿意明确保证或声明其内容符合《国际图联图书馆学情报学专业培养方案指南》（2022）。

鉴于全球发展趋势可能对图书馆学情报学专业教育产生影响，本指南应不断进行评估和修订。由国际图联教育和培训专业组与图书馆理论和研究专业组成员以及国际图联"打造强大的图书馆学情报学教育"工作组的其他领域专家组成的编制委员会负责编制本指南，解答相关问题，并制定定期评估流程，确保本指南能紧跟不断变化的实际情况，持续得到业界的广泛认可。

5　指南内容

第一条　指南内容基本框架

图书馆学情报学位培养方案的设计应符合当前需求，与本专业乃至社会的预期变化同步，同时兼顾对于相关专业和学科的认知。本指南为图书馆学情报学学位培养方案的制订提供了信息指引，培养方案应与主体机构的使命、发展愿景和理念、发展目标和结果等保持一致，并在监管或认证机构和文化框架规范的范围内，满足本机构的教育/学术和专业认证要求。制订培养方案时，宜采用定量和定性证据，邀请所有利益相关者（如本国专业机构、学术人员、学生和从业人员）参与，且应根据公平性、多样性、包容性和可访问性原则推动培养方案的制订，包括内容和实践的去殖民化和本土化。

图书馆学情报学学位培养方案的内容可能多种多样，可以是通用性培养内容，也可以是一系列专业化的培养内容，本指南为制订各种类型的培养方案奠定了基础。培养方案的具体内容可由其规模、学术人员的专业程度、地点和政府政策决定，并应考虑所在地或国家的环境和文化背景的信息需求、特点、性质和迫切要求。培养方案应遵循主体机构、专业机构或高等教育管理委员会的相关指南、标准或原则，可在重要的高等院校内设立实施，也可以设置线上课程提升可获取性，并应由具有相应资质的图书馆学情报学教育人员讲授。

第二条　基本知识领域

国际图联"打造强大的图书馆学情报学教育"工作组的图书馆学情报学教育框架开发小组通过迭代过程创建和定义了八个基本知识领域，构成了本指南的主要内容。这些基本知识领域明确了图书馆学情报学专业人员进一步提升能力以及教育课程设计的底线。此外，图书馆学情报学专业人员也可在这些领

域的基础上，根据地方 / 地区 / 国际环境的需求或要求，阐明其
高等教育的构建方式（见图 1）。这些基本知识领域强化了图书
馆学情报学专业人员在组织变革和可持续发展中的关键驱动作
用。这些领域从专业角度关注用户群体的需求，而非仅仅关注
提供了满足这些需求的技术工具。

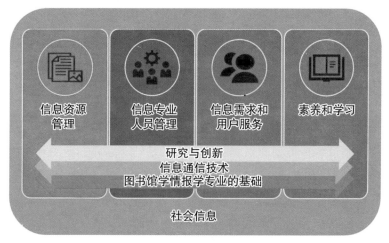

图 1　图书馆学情报学专业基本知识领域模型

每个基本知识领域以一个描述性短语概括，并用一段话来解
释其范围和细微差别。基本知识领域包括社会信息、图书馆学情
报学专业的基础、信息通信技术、研究与创新、信息资源管理、
信息专业人员管理、信息需求和用户服务以及素养和学习。

基本知识领域 1：社会信息

信息存在于社会环境中，它是由社会在共生关系中创建和
塑造的，社会也同样由信息塑造。文化、经济、法律、政治和
其他社会力量决定了其所创建、传播、获取和保存的信息内容。

因此，图书馆学情报学在其专业教育、研究和实践中关注这些维度。图书馆、档案馆和博物馆等机构必须践行其使命，为子孙后代管理、保存和提供信息知识，同时满足当前需求、推动社会转型。对于经济、文化、法律、全球化、技术和政治如何塑造信息的本质，以及反过来，信息流程、工具、系统、服务和机构的创建方式如何推动社会转型和决定社会所获取的信息，图书馆学情报学专业人员需要有基本的了解。在理解图书馆学情报学领域的伦理和价值时，应从专业和社会层面来考虑，这样才能了解它们在多大程度上影响专业实践和政策。例如，在法律领域，版权法强制保护知识内容，还设置了信息获取的经济条款（整个社会和图书馆学情报学领域都必须遵守），但从另一方面来看，图书馆学情报学领域可以对内容保护和获取的不同条件（无论是好的还是坏的）发挥影响力。我们认识到，信息通信技术影响着社会和组织变革以及可持续发展，其颠覆性必然创造条件，增强、变革、挑战或削弱图书馆学情报学业界和学界，进而影响信息获取和信息自由。

基本知识领域 2：图书馆学情报学专业的基础

图书馆学情报学包括以下基本知识：专业的跨学科性，该专业的职能和发展历史，以及定义、支持和引导专业实践的一套核心价值观。注重图书馆学情报学组织的社会职能、使命、服务以及在任何一种文化、经济、政治或技术环境框架中的定位。具体到图书馆这一实践领域，无论是实体图书馆还是数字图书馆，它们都是本地社群的支柱、文化机构，也是促进社会互动、提高创造力、塑造创业精神、提升素养、提高数字包容性和促进信息获取的催化剂。

图书馆学情报学教育全面培养具有牢固的道德和人文价值观的专业人员的能力。公平性、多样性、包容性和可访问性原则对于该领域的专业化、服务导向、社会责任、可持续发展、教育和终身学习是必不可少的。该领域的核心知识包括作为公益活动的信息获取（包括公开获取），知识自由，对数据、信息和知识的负责任管理，以及所需的技术和智力。图书馆学情报学专业教育利用相关领域知识支持推理、批判性思维能力开发和其他软技能的培养，以便应用于更广泛的文化遗产和知识生态系统中专业性较强的子领域和具体环境。

基本知识领域 3：信息通信技术

信息通信技术支持并促进信息系统升级、信息生命周期延长、个人信息获取和使用以及用户服务的开展。在应用信息系统的过程中，通过创建和管理信息通信技术，实现图书馆和信息机构的高效运行。在信息生命周期中，这些技术支持信息资源的管理。此外，它们也可以帮助人们满足信息需求，支持人们发挥想象力和创造力、解决问题、参与活动和开展学习。这些技术有助于推动交流，方便图书馆提供信息服务，增强用户体验。信息通信技术知识包括数据采集、存储、管理、处理、展示、发布、发现、获取和使用的技术标准、模型、方法、要求和解决方案，相应的技能包含利用、调整、创新、设计、应用和维护现有硬件和软件解决方案的具体实践。

基本知识领域 4：研究与创新

创新以研究为前提，研究的作用在于进行对标管理、确定影响并获得诊断或反馈数据，用于反思、改进或完善服务和产品。研究和创新的基础知识包括研究范式、理论框架、设计、方法、研究伦理、数据分析和展示以及研究成果的传播途径及传播效果评价方法，还包括本土研究方法的知识。本土研究方法可体现本地话语权、世界观和开展研究的方式。研究能力包括进行以问题为导向的研究，分析图书馆学情报学领域出现的基本问题，并尝试为不同信息环境中的专业实践提供潜在的解决方案，以及识别、整理、编目、检索、评估和传播他人研究成果的能力，从而推动跨学科的学术进步、改善社群的总体社会影响和创新政策制定。学术交流（包括开放获取）可确保不受限制地获取研究成果，从而衍生更多的知识。

此处的创新，是指运用知识或创意对信息产品、服务或流程进行开发和批判性反思。图书馆学情报学领域专业人员应跳出本领域，开展跨学科研究和创新，积极参与其他相关领域乃至整个社会的活动，从而增强在图书馆学情报学领域内外的影响力。

基本知识领域 5：信息资源管理

信息资源管理涵盖信息资源生命周期中从创建到结束的每个阶段，包括信息资源的获取、识别、描述、组织、揭示和保存，不受信息资源的形式、格式、载体或信息环境的影响。开展信息资源管理需要对信息资源的本质、信息发现和检索、用户需求和信息查寻行为有一定的认识和理解。信息资源管理基本知识包括信息组织和互操作性原则、信息资源组织的功能要求、交换和展示标准、程序和工具，以及藏品管理原则，包括采访（以及相关版权和知识产权方面）、管理、数字化、保存、处置和使用分析。

图书馆学情报学专业人员应该能够创建高质量的资源发现

元数据；采用、调整、规划、设计、开发和（或）实施信息系统、工具、标准和信息资源发现服务；规划和管理藏品存储；根据信息环境和用户需求评估藏品和信息质量；提高藏品的可见性，宣传藏品以及基于藏品的产品和服务。

基本知识领域6：信息专业人员管理

图书馆学情报学专业人员能有效地管理多种环境下的信息机构。对管理和组织理论、概念、原则、政策和实践的理解有助于实现有效管理。涵盖的主题和所需的相关技能包括领导力和管理能力，决策、规划、实施和评估，问责制、信任和授权，系统思维，知识管理，经济学，立法和政策，宣传、营销和公共关系，沟通，客户服务，协商和调解，财务管理，人力资源管理与团队建设，设施管理，信息技术管理，项目管理，战略规划，风险管理，质量控制，未来趋势、变革管理和创新，组织文化，道德和保密工作。

基本知识领域7：信息需求和用户服务

开发有效和相关性更强的信息服务，首先需要了解用户有意识和无意识的需求及其全部信息行为，尤其要考虑公平性、多样性、包容性和可访问性方面的问题。为满足信息需求而设计的解决方案应以用户为中心，基于证据，创造积极的用户体验，并考虑创新、公平和成本效益等因素。服务可以是以馆员为中心的（如参考咨询、读者问询、研究咨询、指导、编程和创客空间）或以用户为中心的（如展览、数字APP和资源指南）一次性、短期或长期解决方案。信息需求和用户服务包括关注用户社群，识别所处的环境和服务缺口，了解用户和社群的信息查寻行为和需求，深入用户社群、面向所有人（包括目标用

户社群和 / 或弱势用户社群）设计并提供服务，评估用户服务的结果和影响。

基本知识领域 8：素养和学习

图书馆学情报学专业人员应当培养各种形式的素养，并支持在多种环境和社会文化背景下开展终身学习，包括口述和传统知识。作为素养教育者，图书馆学情报学专业人员在具体的文化背景下促进多元素养的提升，其中语言识读和计算能力是意义建构的基础。作为信息素养教育者，图书馆学情报学专业人员重视培养批判性思维以及全面的素养模式和能力，包括信息、媒体、数据、视觉和数字素养。图书馆学情报学专业培养方案全方位开发教学知识和技能，从而支持独立、非正式和正式的学习行为，无论是面对面学习还是通过其他媒体开展学习。这些能力包括设计学习材料、评估、教育技术、教学设计、课程规划、在线教学、教学和学习理论以及教学方法。从业人员应能够为不同的用户社群设计、组织和开展学习活动。

第三条　课程与教学法

图书馆学情报学专业计划的课程（教什么）和教学法（如何教）构成了学生学习该专业知识的内容和方式。图书馆学情报学专业包含广泛的知识和技能，它们为本指南介绍的基本知识领域所涵盖，并且应纳入图书馆学情报学专业计划课程目录。这些课程面向本科和研究生开设，专门培养图书馆学情报学专业人员，包含必修课和选修课。不同学位等级的图书馆学情报学计划是根据当地需求、愿景和使命设计和实施的，总课程数、个人的课程学分和课时不尽相同，并且保持理论与实践的平衡。

前述 8 个基本知识领域应纳入课程范围，讲授的深度和广度应有所区别。每个基本知识领域可以对应一门或多门课程，也可将多个领域整合为一门课程，或某个领域集中在一门或分散在多门课程中讲授。在适当的情况下，如果资源和环境允许，培养方案可以基于基本知识领域强化特定专题知识和技能，从而为学生提供提高专业水平的机会。在课程设置上，也可以为学生提供相关的选修课。

本指南不追求涵盖基本知识领域的所有潜在内容和应用场景。但出于课程说明的目的，此处提出两种方案设想。其一，在培养方案中设置一定数量的必修课，将基本知识领域融入这些课程中；其二，设置 3 门必修核心课程，外加选修课：

核心课程 1：图书馆学情报学的基本内容（包括基本知识领域 1、7、8）

核心课程 2：技术和管理（包括基本知识领域 2、4、5）

核心课程 3：用户服务（包括基本知识领域 3、6）

选修课：学生根据自己的专业或在导师的指导下进行选择，可以是基本知识领域的，也可以是其他主题的。

在设计课程时，应考虑国际化和现实经验。在国际化的培养方案中，学生和教学人员应在教育研究活动中开展交流与合作。知识和技能与理论和应用一样，应是相辅相成的。因此，将业界专家和实操学习引入教学过程有助于学生在实践中获取知识。

教学法对于确保学生最大限度地获取知识至关重要。在讲授课程时，图书馆学情报学专业教学人员应培养并加强自身的教学能力，如学习理论和风格、教学方法、学习材料设计、在线或其他教学模式、学习评估以及反思性教学实践。教学准备应基于多种认识论，包括公平性、多样性、包容性和可访问性。

第四条　管理

通常来说，图书馆学情报学专业培养方案在高等院校（如大学）的行政实体内提供。图书馆学情报学教育课程则由独立的图书馆学情报学院（或者是系、科、相关领域学术单位，以及 iSchool 这类机构）提供。作为 iSchool 大家庭的成员，"这些学校、学院和系是新创建的，或是从以前的信息技术、图书馆学、信息学和情报科学等具体领域转型而来"。还有一种新的趋势，即各学术单位之间开展跨学科协作，从而提升合作水平。然而，具体行政管理模式应由主体机构根据当地组织结构的行政管理框架和专业方向自行确定。

作为参考，以下介绍一种在机构内部设立图书馆学情报学专业教育实体的典型管理结构。学院或学部的负责人最好有教授职称，并从院系中遴选产生。其中，系部或学院为上级学院或学部的下设单位，对应具体的专业领域，如图书馆学情报学专业。它通常由一名高级研究人员领导，一般担任系部主任或学院院长，向上级学院院长或学部主任汇报工作。系部主任或上级学院院长在系部或学院层面提供行政和方向指导，尤其是在战略规划方面，应确保与上级机构层面的战略方向以及相关专业和学术标准保持一致。

第五条　学术、研究、专业和支持人员

制订图书馆学情报学学位培养方案的工作人员通常包括学

术、研究、专业、技术和行政人员。学术人员（也称为教学人员）主要负责课程教学和开展研究项目。由于学术人员决定了培养方案的专业水平，他们的资质和人数应足以实现教学计划的目标，并根据相关认证机构或其他权威机构预先提出的指标酌情确定。学术人员应具备教学技能，取得新的或持续的研究成果，并积极参与有关专业协会或团体交流活动。此外，还可对具体的学术和专业资格加以规定，从而满足该系部课程的跨学科要求。学术人员可以有终身全职制，也可以签署一定期限的合同，终身全职制有助于确保培养方案的稳定性和连续性。

研究人员应承担与研究计划和成果有关的工作和职责。图书馆学情报学学位培养方案通常会招聘具有相应资质的人员担任研究职位，如博士后学者、研究员和研究助理。这些人通常负责实现该单位的研究目标，从而与大学总体研究战略和资助机构的要求保持一致，并推动图书馆学情报学专业的发展。

聘请本领域从业人员从事教学工作正成为图书馆学情报学学位培养方案中更普遍的做法。这具体包括任命从业人员为兼职工作人员、研究员、访问学者或教学助理。他们应作为学术人员的教学和研究职责的补充，并应具备适当的资质。

部分机构可能会选择招募不同团队的工作人员开展研究工作，并将教学职责完全交给学术人员，而其他机构可能会将这两项任务结合起来，作为学术人员全部职责中的一部分。以上是图书馆学情报学学位培养方案的实施情境。

行政和技术人员是学术单位运营的基础。他们是系部重要的文书、秘书和技术专家。系部应拥有足够数量的行政和技术人员，为履行职能和开展服务提供支持。

每个图书馆学情报学学位培养方案都应具备透明、公平和内容明确的人力资源政策和规划，指导不同类型员工的招聘、保留、专业和个人发展、接任规划和评估工作，这些政策和规划应具有包容性，有利于员工的福祉，增强他们的创造力和生产力，并释放他们的潜能。

第六条　学生

在特定的社会、经济、机构和学术环境中，图书馆学情报学学位培养方案关注学生的学术和职业生活的三个阶段：专业学习之前、期间和之后。有关入学、财务援助、安置和其他学术和行政事务的学生政策应符合培养方案和整个教育机构的使命、目标，并应明确不存在歧视。

在学生入学之前，采用招募策略有助于提高学生的质量和多样性。应鼓励准从业人员接受专业的图书馆学情报学教育以谋求更好的职业发展，并依据专门的途径和条件获得专业教育和专业资质。录取学生应基于明确的公开标准。相关兴趣、才能、智力和教育背景以及多样性应在标准中予以体现。入学标准应公平且始终如一。如果根据考试成绩决定录取结果，那么录取分数应与其他专业学习计划相称。应明确国内和国际转学和交换生的规则，并制定相关标准。

学生在学期间，其在学率应得到监管和保障。为学生提供支持的形式可以包括资助（如奖学金、贷款、助学金等）、学术支持（如定向培养、指导、学生事务服务等）和职业发展（如辅导、咨询、学生协会等）。这些服务有助于增强学生的归属感和认同感。应以学生自治和学生代表的方式表现对学生的诉求和想法的重视。在学生的教育培养过程中，应让他们了解该专业的核心价值以及培养方案和（或）课程学习成果。

有关单位应在面向学生发放的正式文件中明确体现教学计划的评估和完成要求。学生应在制订连贯的学习计划方面获得指导和帮助，从而实现与培养方案的使命、目标和目的保持一致的职业理想。学生成绩评估应在一致和公平的基础上进行。完成学习要求后，学生应获得与学习水平相适应的学位、文凭或证书，享受校友身份所带来的好处，并获得从业资质。在适当情况下，毕业生可能还需要满足意向从业地区的本地或专业认证要求。

在学生完成专业学习之后，图书馆学情报学专业培养方案应为毕业生提供机会，通过校友会、网络活动、继续教育和分享会活动来保持联系。校友活动可以补充教育和专业发展，提供持续的职业和研究支持，培养与从业人员社群的关系（如校友辅导），并增强对母校的认同感和归属感。

第七条　补充教育和职业发展

根据《国际图联继续专业发展指南：原则和最佳实践》（Varlejs, 2016），图书馆学情报学专业人员的继续教育和专业发展（continuing education and professional development, CE/PD）的责任应由个体承担，其中不仅包括个人，还包括聘用机构、参与的专业协会，以及参与的培养方案等。继续教育和专业发展的设计应立足于强化提供卓越服务的组织目标，推动专业发展，并帮助图书馆学情报学专业人员实现职业发展。

图书馆学情报学专业人员应对自身的优势和劣势进行持续

评估，并利用培养方案来弥补自身差距，同时不断强化优势，从而更好地为图书馆社群成员提供支持。图书馆学情报学专业人员应该有机会拓展其专业网络，并参加有关团体外联和宣传的计划。此外，聘用信息专业人员的组织应做出适当安排，促进、鼓励并定期评估员工的继续教育和专业发展。

继续教育和专业发展的设计应考虑以下几个方面：

①国际趋势和倡议，以及全球思维和可持续发展，根据本地和地区社群的变化进行修改和实施，并服务于本地/地区图书馆学情报学专业人员的专业利益和需求；

②多种知识、教育和服务体系，可识别主流和系统性偏见，并实现去殖民化和本土化；

③对实现继续教育和专业发展产生影响的公平性、多样性、包容性和可访问性原则，如教学法、提供方式、长度、成本和语言；

④图书馆学情报学专业学校和组织之间的协作与合作，以减少重复并利用不同的优势、资源和视角。

继续教育和专业发展的例子包括但不限于：为新的图书馆学情报学专业人员创设有利于其在该领域谋求职业发展的实习机会；在本地、地区或国际层面举行的网络研讨会；在本地、地区、国家或国际层面举行的会议；随时开展并进行存档，以备将来回顾的专题讨论会；以及阶梯式培训（如培训者培训模式）。

第八条　教育研究资源与设施

教育研究资源与设施是教学的前提和基础，能够促进教学人员和学生之间的交流，并支持学习课程的管理，从而顺利完成教学计划。它们为教学人员和学生提供支持，为课程设置提供明确的指导路径，并鼓励在课外获得知识、交流和研究技能。培养方案提供的相关服务应支持创新和批判性教学法、自学、互动学习体验以及加入专业和研究社群。如条件允许，图书馆学情报学教育应提供灵活的学习选择，以满足学生的需求，并在教育和自适应技术中部署新的解决方案。

图书馆学情报学教育是资源密集型的教育，需要多种类型的文献和技术服务支持教学研究工作，并展示图书馆学情报学实践的最新成果。相关资源和设施包括：

①教学支持服务，如图书馆、信息技术支持、电子学习平台和学习管理系统；

②教学材料，包括以方便获取的格式提供的参考资源、说明/演示材料、数据库、辅助教学资源和学科内容材料；

③教室和实验室等设施，包括家具和配件；技术资源，如设备（机械、电气、数字设备）和软件（应用程序、数据集、数据管理系统）。

第九条 方案评估与创新

定期评估培养方案有助于确保在基本知识领域的框架内审视课程的相关性和时效性，这些基本知识领域正是本指南的参考依据。根据本指南制订的培养方案（本科或研究生层面）应明确规定定期评估流程，例如每三至七年开展一次评估，期间应关注影响图书馆学情报学专业实践的技术发展、新的趋势和创新、图书馆学情报学和相关领域乃至整个社会可能发生的变化。评估流程应与当地认证实践（如适用）相协调，尤其应与机构层面的培养方案评估协议相协调。评估工作还应体现图书馆学情报学领域在应对本地、地区和全球社会挑战方面的重要性。图书馆学情报学教学人员、学生、从业人员和利益相关者应参与评估，从而实现教学计划的创新和调整。这种评估为培养方案的规划和完善提供了良好的基础，包括查漏补缺，在发展尚有差距的地方设置新的课程或专业，从而反映图书馆学情报学领域的最新进展。

在根据国家和（或）机构政策和实践的指导开展正式的定期评估之外，教学团队还应持续评估专业培养方案的课程内容和开展模式，并在必要时进行修订，同时参考教学人员、学生、雇主和国家专业机构的正式或非正式意见。这种持续的评估和创新方法对于确保图书馆学情报学教学计划能及时体现本地或国际专业实践和该领域相关教育活动的变化很有必要。

6　参考文献

IFLA BSLISE Working Group (2018). *Building Strong LIS Education: A Call to Global and Local Action — An IFLA BSLISE Working Group White Paper.* University of Cape Town Libraries. doi: http://dx.doi.org/10.15641/0-7992-2542-6.

IFLA (2012). Guidelines for Professional Library/Information Educational Programs, 2012. https://repository.ifla.org/handle/123456789/772.

iSchools. iSchools: Leading and Promoting the Information Field. https://ischools.org/About.

Varlejs, J. (2016). IFLA Guidelines for Continuing Professional Development: Principles and Best Practices. IFLA.https:// repository.ifla.org/handle/123456789/1111.

编者

曹惠萍（Clara M. Chu），伊利诺伊大学香槟分校（美国）

贾耶·雷朱（Jaya Raju），开普敦大学（南非）

克里斯·坎宁安（Chris Cunningham），北卡罗来纳中央大学（美国）

吉久明（Jiuming Ji），华东理工大学（中国）

弗吉尼娅·奥尔蒂斯－雷皮索·希梅内斯（Virginia Ortíz-Repiso Jiménez），马德里卡洛斯三世大学（西班牙）

艾达·斯拉夫（Aida Slavic），国际十进分类法联盟（荷兰）

安娜·玛丽亚·塔拉韦拉－伊瓦拉（Ana María Talavera-Ibarra），天主教大学（秘鲁）

索海米·扎卡里亚（Sohaimi Zakaria），玛拉工艺大学（马来西亚）

致谢

感谢以下人士做出的贡献：

美国伊利诺伊大学香槟分校教授利萨·詹尼克·欣奇克利夫（Lisa Janicke Hinchliffe），提供了编辑咨询；

全球100多名受访者（图书馆学情报学领域教学人员、从业人员、协会、机构和其他利益相关者），对本指南草案提供了反馈意见，从而帮我们完善了最终版本；

在线论坛主持人和翻译，尤其是阿拉伯语主持人——阿曼苏丹卡布斯大学的赛义夫·阿卜杜拉·阿尔-贾布里（Saif Abdullah Al-Jabri），葡萄牙语主持人——巴西圣保罗大学的苏利·玛拉·费雷拉（Sueli Mara Ferreira）和巴西科学技术信息研究所的蒂亚戈·布拉加（Tiago Braga），以及俄语主持人——俄罗斯圣彼得堡国立文化艺术大学的阿尔比娜·克利姆斯卡亚（Albina Krymskaya）；

匈牙利厄特沃什·罗兰大学的阿格尼丝·哈吉杜·巴拉特（Ágnes Hajdu Barát）、美国丹佛大学的克伦·达利（Keren Dali）和尼日利亚哈科特港大学的海伦·艾玛希尔鲁（Helen Emasealu），对本指南提出了宝贵的意见和建议；

美国威斯康星大学密尔沃基分校的迪特马尔·沃尔弗拉姆（Dietmar Wolfram），参与了同行评审；

美国伊利诺伊大学香槟分校的凯蒂·埃贝林（Katie Ebeling）和莫滕森国际图书馆项目中心（Mortenson Center for

International Library Programs），为本指南编制提供了行政和技术方面的支持。

相关网站：https://bslise.org/。

International
Federation of
Library
Associations and Institutions

善本特藏专业人员任职资格指南
Competency Guidelines for Rare Books and Special Collections Professionals

贝丝·基尔马克思（Beth T. Kilmarx）、克劳迪娅·布贝尼克（Claudia Bubenik）、梅克斯威利·佩里亚萨米（Makeswary Periasamy）、梅格·菲利普斯（Meg Phillips）和海伦·文森特（Helen Vincent）主编

玛丽亚·卡斯蒂罗（Maria Castrillo）、法比亚诺·加泰尔多·德·阿泽维多（Fabiano Cataldo de Azevedo）、克劳迪娅·费边（Claudia Fabian）、伊莎贝尔·加西亚–蒙格（Isabel Garcia-Monge）、亚历山大·哈拉尔茨维克–林斯内斯（Alexander Haraldsvik-Lyngsnes）、艾尔玛·舒勒（Irma Schuler）和陈慧心（Huisim Tan）参与编写

代表国际图联善本特藏专业组（Rare Books and Special Collections Section, RBSC）制定

2020 年 10 月
由国际图联专业委员会审核通过

翻译：卫萌萌、李洋
审校：赵大莹

目录

1 特藏的概念、背景和任职资格要求 ················ 35

    概述 ··································· 35

    目标 ··································· 35

    范围 ··································· 36

    目标受众 ······························· 36

    背景 ··································· 37

2 特藏生命周期：从采访到发现 ················· 42

    选择：标准与采访途径 ··················· 42

    采访：到馆、存档、评估和录入图书馆信息系统 ······· 44

    编目和资源发现 ······················· 45

    数字化数据管理 ······················· 46

3 特藏生命周期：从获取到注销 ················· 48

    获取 ··································· 48

    馆藏管理、保存和保护 ··················· 49

    馆外延伸服务、展览与指导 ················ 51

    推广与营销 ··························· 52

    宣传 ··································· 53

    注销 ··································· 54

    特藏生命周期 ························· 55

4 从业要求：教育和培训 ····················· 56

    正规教育和培训 ······················· 56

非正规教育和培训：继续教育与职业发展··················57

5　职业道德···58

附录　特藏状态确认标准 ·································59

致谢···66

参考文献···69

1 特藏的概念、背景和任职资格要求

概述

图书馆是文化记忆的守护者，是文化遗产的保存者，也是文化变革的催化剂。在大型图书馆中，拥有独立书库的特藏部门是保存文献和文化遗产的特殊场所。不仅这些手稿、印本、纸质艺术品、视听材料和文物所记载的信息内容值得保存，这些藏品本身也因其历史和文化意义而值得保护，这正是特藏馆的核心职能。本指南中提到的藏品，包括图书馆和机构收藏的各种有文化价值的物品，不限形式。

目标

本指南所概述的任职资格为所有从事特藏文献（包括模拟的和数字的）工作的图书馆专业人员提供指导。

本指南为特藏专业人员提供了工作方向和工作重点，以促进其自身职业发展，同时能根据机构政策和用户需求来管理特藏。

我们希望这些指南可以作为制定培训计划的基础，为特藏专业人员提升职业发展的核心能力提供帮助。本指南还界定了特藏专业人员在履行其专业职责的道德标准，以确保其作为文化遗产守护者的地位。

范围

特藏专业人员需要熟悉本机构的政策、实践和流程，并对图书馆一般知识以外的各种学科和主题有全面的了解，包括世界各地新的最佳实践和其他相关国际准则。

本指南仅针对特藏专业人员在职业发展和妥善管理特藏方面需要掌握的技能和知识提供指导建议，不涉及机构专有的最佳实践或标准操作程序。

然而，我们还是建议将本指南与参考文献中列出的其他国际图联相关指南和政策一起阅读。

目标受众

本指南的受众群体是特藏专业人员，即负责保管和保护特藏的管理人员，包括善本馆员、档案管理员、修复人员和工作人员。本指南还适用于管理特藏专业人员的相关人员，以及有志于从事特藏工作的学生。特藏专业人员认同这些文献有保存价值，无论是模拟格式还是数字格式，并且这种认同往往会超越职业责任去满足当前用户的即时需求。因此，特藏专业人员必须理解、尊重和平衡藏品的需求，同时认识并尊重用户的需求。

国际图联善本特藏专业组常委会并不认为某个人会成为精通所有这些技能的专家，当然也不认为特藏生命周期的所有阶段和每项任务与每个机构都相关。

背景

什么是善本、档案、手稿、特藏和特藏馆？

"善本"（rare book）是一个复杂的概念，不容易给出明确的定义。这一概念并非源于教育或文化机构，而是与 17 世纪西方藏书家和古旧书交易的兴起有关。从荷兰代尔夫特（Delft）1609 年的一份销售目录中可以看出，早期的荷兰书商和藏书家最早提出了"rari libri"（善本）一词①。这个说法先后被德国书商以及法国和英国商人采用，用于描述销售目录中的某些书籍。对于书商来说，这是一种带有欺骗性但较为有效的销售图书的宣传方法。他们没有为这一独特的门类制定任何合理的解释或标准，甚至经常将当代版本与早期版本一起出售，并将这些全部称作"善本"。这只是书商的杜撰，为的是让他们销售的一些书显得更受欢迎，这通常对买家来说也更昂贵。

在过去的两百年里，随着善本的定义不断变化，善本图书馆事业也在不断变化。在西方图书馆界，有几个公认的要素用来界定一本书是否为善本：稀有性（印数少或存世量少）、书况（原始、磨损或脏污）、年代［手稿、原刻原印（proto-printing）、摇篮本或现代版］、载体形态（精美印刷）或特殊的复本，例如具有特色装订或带有藏书题识。善本也被认为具有历史、文化、知识或货币价值，只不过关于这些价值具体内容的看法随着时间的推移发生了变化，并且可能因为世俗、学术或宗教机构以

---

① 大卫·麦基特里克（David McKitterick）:《善本的发明：私人兴趣和公共记忆，1600—1840》（*The Invention of Rare Books: Private Interest and Public Memory, 1600-1840*），英国剑桥：剑桥大学出版社，2018 年。

及国家的不同而不同。

与所有图书馆一样，特藏馆也受到了空间、预算、人员和政策等方面的限制，这也导致它无法将每一本书籍、每一件档案或文化遗产都纳入其馆藏。为了完成其所属图书馆、管理委员会或政府部门赋予的使命，特藏馆通常会制定馆藏开发政策，概述在既定预算内，根据对图书馆用户需求的评估和持续性研究，如何逐步建设馆藏。对于特藏馆而言，善本的入藏标准通常比一般性的馆藏更加具体和苛刻。

在本指南中，"善本"特指符合以下一个或多个标准的图书①：①市场价值；②稀有性和稀缺性；③出版日期和地点；④外在和内在特征；⑤书目和研究价值（历史、文化或学术）；⑥书况。（见附录。）特藏专业人员应当根据这六个标准来辨认、筛选和鉴定善本，以支撑馆藏开发决策的制定。每个机构采用的标准数量和标准类别有所不同。对于一些机构来说，一个标准可能就足够了；而对于其他机构来说，或许要根据两个甚至更多标准进行筛选。最重要的是，这些标准提供了一个通用的框架，特藏专业人员可以据此来构建、支持和维护其馆藏。

"档案文献"（archival collections）和"手稿"（manuscript collections）是指由组织、个人或家庭创作和积累的具有独特历史价值且未出版的资料，并与同一创作者对同一活动的其他记录保存在一起。有历史价值的文献可能由机构内部的档案部门

---

① 美国大学与研究图书馆协会善本手稿专业组：《一般文献转为特藏文献的筛选和转换指南》（*Guidelines on the Selection and Transfer of Materials from General Collections to Special Collections*），2019 年 2 月 24 日查阅：http://www.ala.org/acrl/standards/selctransfer。

收集，也可能由无关的收藏单位，如特藏馆，作为组织记录或个人文件所收集。档案文献包括官方信函、账簿和协议，以及会议和特殊事件的文件。个人文件包括私人信件、日记或日志、工作文件，例如，作者的书稿和个人在活动中创造或收集的各种其他材料。"手稿"指的是手写的、未发表的文件，但许多特藏中最近收录的个人文件也包括通过打字机或计算机生成的独版文献。

"特藏"（special collections）是指一种或多种不可替代或极为稀少且价值极高的馆藏文献，例如摇篮本、善本、印刷书籍、手稿、档案记录和资料、收藏品、照片、版画、地图和其他图像作品；各种格式的视听资料；原生数字内容和数字化媒体；艺术品和三维物体等①。这些文献的筛选标准可参考善本。特藏通常与一般馆藏分开管理，因为它们的保存要求和获取方式与图书馆大多数的流通馆藏有所差别。特藏往往保存在安全和环境可控的场所。

"特藏馆"（special collections library）是指一个独立，用于集中保存善本书、手稿、档案或其他类型特藏文献的区域。特藏馆通常位于图书馆主馆或机构的内部，其工作人员都是经过培训的专业人员，他们的主要职责是管理藏书。特藏馆对馆藏的使用和获取通常有着较为严格的规定，且使用安全和温度可

---

① 美国大学与研究图书馆协会善本手稿专业组：《美国大学与研究图书馆协会指南：特藏专业人员任职资格》（*ACRL Guidelines: Competencies for Special Collections Professionals*），2019 年 2 月 24 日查阅：http://www.ala.org/acrl/standards/comp4specollect。

控的监控设施来确保文献的保存和保护①。

特藏馆的名称根据语言、文化、历史和组织的不同而有所差异，例如：

①国立马夫拉宫图书馆（葡萄牙马夫拉宫图书馆）

②文化遗产专藏（爱尔兰都柏林大学）

③善本特藏（法国国家图书馆）

④古旧印本特藏（德国巴伐利亚州立图书馆）

⑤善本手稿特藏（葡萄牙国家图书馆）

⑥拜内克善本手稿图书馆（美国耶鲁大学）

⑦历史档案部（意大利博洛尼亚大学图书馆）

⑧特藏与档案部（美国南卫理公会大学）

⑨图书馆记忆专藏（巴西里约热内卢联邦大学）

⑩路易斯·伊格莱西亚斯专藏（阿根廷布宜诺斯艾利斯国立卢汉大学）

⑪梵蒂冈教廷图书馆（梵蒂冈）

然而，特藏馆也常常以个人或家庭图书馆（如南非布伦瑟斯特图书馆）、独立机构（如秘鲁"文学之家"）、博物馆内设机构（如史密森尼图书馆）或私人研究机构（如美国纽约技工和商人总协会图书馆）的形式存在。

任职资格的适用对象

本指南中任职资格适用于（但不限于）所有类型和级别的管理者和员工、特藏专业人员、教育工作者以及对特藏事业感

---

① 格拉斯哥大学：《什么是特藏？》（*What are Special Collections?*），2019 年 2 月 24 日查阅：https://www.gla.ac.uk/myglasgow/specialcollections/whatarespecialcollections。

兴趣的个人。管理者和员工可以据此招募新员工，编写职位描述，为非专业的特藏保管人员提供指导，或为馆内有资质的人员提供支持；特藏专业人员也可以利用这些任职资格评估现有人员的技能和培训需求，完善组织内部实践，或为专业人员提供职业发展指导；图书馆和图情专业学校可以参考这些任职资格，根据当前趋势或未来需求评估课程和教学计划；图情专业学生可以根据任职资格对特藏领域形成整体的了解，并掌握从事该领域工作所必备的技能。

由于图书馆行业越来越关注各种格式的内容或信息，因此专门从事实体和数字文化遗产的保存、描述和获取的人员必须清楚这些馆藏的重要性，并具备从事相关工作的资质。特藏领域一个不可变更的信条是专业人员必须十分熟悉馆藏及其背景，背景包括馆藏的一般历史和文化背景，还有馆藏本身的历史和出处，藏品获取、发现、处理、保存和保护的知识，还包括当前的专业标准和准则以及最佳实践的知识。

本指南所提出的任职资格并非以职业建设为全部重点，也不以设定难以实现的高标准为目的，而是为从事善本特藏工作、参与藏品生命周期各个阶段的专业人员提供了必要的知识和技能。国际图联善本特藏专业组（IFLA RBSC）提出的这套任职资格与高校和研究图书馆协会（ACRL）以及善本和手稿专业组（RBMS）最近针对特藏专业人员提出的任职资格指南是一致的[①]。然而，善本特藏专业组的任职资格也有不同之处。从范围上看，它具有国际性，涉及全球各地开展特藏事业的多种不同方式，例如一些国家和领域强调学术专长，另一些则强调一般专业资格。这些任职资格不仅涵盖最佳实践，阐述了所需的必要技能，同时允许各个国家、领域和地区根据自己的需求和实践制定更有针对性、更详细的任职资格指南。

2 特藏生命周期：从采访到发现

选择：标准与采访途径

通过决策哪些文献可以入藏，特藏专业人员能够积极参与到知识和文化历史的保存和框架构建以及本机构身份认同的构建中。特藏专业人员在选择、建设和管理藏品的过程中会参考所在机构的职责声明、馆藏历史、馆藏发展建设、资金和预算分配、机构责任以及当前和未来的用户需求和期望。即使某类藏品不再继续采访新藏品，负责管理这类特藏的专业人员仍会发现新采访任务可能与其已有的旧藏或历史专藏有关。

任职资格：

（1）特藏专业人员应根据符合机构使命的馆藏发展策略来

[①] 美国大学与研究图书馆协会善本手稿专业组：《美国大学与研究图书馆协会指南：特藏专业人员任职资格》（*ACRL Guidelines: Competencies for Special Collections Professionals*），2019 年 2 月 24 日查阅：http://www.ala.org/acrl/standards/comp4specollect。

建立和维护馆藏。机构通常会根据自身的利益、需求以及专业领域来制定各自特定的馆藏发展策略，具体标准包括：格式类型、稀有性、稀缺性、年代、载体形态和内在特征、状态和稳定性、市场价值、历史和文化意义、教学和研究价值，以及评估出和（或）表现出的用户需求等。

（2）在目标领域主动开展采访工作；寻求与历史记录中代表性不足的群体组织或个人建立相互尊重的合作关系，并与当地组织就合适材料获取途径建立合作关系。

（3）了解在哪些情况下不宜向现有馆藏添加潜在藏品；反之，要了解即使潜在藏品不符合现有馆藏的标准，但也可能与新的兴趣点、展览和（或）推广价值相吻合。

（4）收集和整理与机构采访、捐赠和文书流程相关的业务知识，包括古旧书交易，手稿、纪念品和收藏品市场，私人收藏，艺术家和出版社，纪实作者和网络存档活动，呈缴项目，以及其他获取文献的来源。

（5）在了解各种采访途径（拍品，书籍、纪念品和临时展会，销售目录、书商报价、私人收藏家和公共机构）的基础上，特藏专业人员所采取的有效且道德的采访方式应符合机构、职业和道德标准和价值。

（6）与捐赠者接洽，并为确认、培养潜在的短期和长期捐赠者，以及接受或协商捐赠制定策略；准备捐赠证书与和捐赠协议；释明当前和未来的知识产权和版权问题；保留机构与捐助者之间准确的沟通记录。

（7）根据市场知识，利用适当的信息工具、媒体知识和经验来鉴定拟采访文献的经济价值。

（8）熟悉与馆藏相关的法律框架（例如文献来源、文化遗产保护、赔偿或归还问题），针对估价、相关税收法规、海关法规和法律资源等问题征求专业意见。

（9）掌握新入藏文献的管理要求，并负责地开展采访准备工作，了解这些文献对员工和馆藏资源可能产生的影响。

（10）考虑并制定与其他机构的合作采访策略。

（11）根据需要制定或修改馆藏发展策略。

采访：到馆、存档、评估和录入图书馆信息系统

在大多数情况下，特藏文献在馆藏中的生命周期以到馆为始。虽然每个图书馆的一般采访政策、程序和做法各不相同，但特藏文献需要特殊的处理和安全流程，以确保其得到妥善保管。在这些文献进入图书馆的最初阶段，即采访阶段，特藏专业人员应对其承担全部责任。他们需要对文献进行清点记到，保存准确完整的采访记录，评估文献状态，区分优先流程，并就实体或数字文献在图书馆及其信息系统中移送提供安全监护。这些程序既适用于历史或旧有馆藏，也适用于那些刚刚入藏、还没有完成所有步骤的新藏品。

任职资格：

（1）特藏专业人员应熟悉文献清点方法和实践，并以登记、盘点或书目记录的方式记录新到馆的每件藏品（物品或藏书）。

（2）记录和存档与采访相关的所有文件，包括信函、协议、捐赠或呈缴协议、发票和采购单据。这些记录保存时长应不短于特藏文献的生命周期，或至少应符合本国登记管理法律，以便证明机构的所有权和文献来源。

（3）掌握特藏的物理形态属性、特征和相关术语；评估单件藏品和整体馆藏的状态和保存需求，并针对未来的保存保护方法提出建议；就如何将新藏品整合到馆藏以及用户如何使用提出建议。

（4）制定藏品处理（如保存、编目、数字化和存放）规则、重点工作和战略，并确定工作流程。

（5）建立安全流程，跟踪和监控文献在机构内部和图书馆信息系统中的流通情况。

（6）确保文献得到妥善的保存和保护，按照专业标准给藏品贴上标签、所有权标识和安全标记。

（7）参与制定有关特藏的采访、优先处理、上架准备、藏品管理以及所有形制特藏文献保存的相关规程。

编目和资源发现

负责处理和（或）描述各种形式特藏文献的专业人员需要熟练掌握一般和特殊标准、实践以及书目和档案管理工具，同时，他们还需要专业知识来解释和描述馆藏文献并提供获取渠道。在描述和编目文献时，可能需要特定的语言技能和字母知识。创建、交换和发现元数据的环境在不断发展，特藏专业人员应掌握最新的编目最佳实践方法。

任职资格：

（1）特藏专业人员通过运用书目和档案规则、书籍史、图书艺术、古文字学、语言学、写本学、主题和历史背景、文献的使用和来源、物理特征以及特藏文献材料的制作技术等知识，确保文献得到妥善和有效的处理和描述。

（2）根据用户的预期需求和对机构重点工作与资源的了解，确定合适的处理和描述方法和操作实践。确保及时向用户提供描述，并了解文献获取和检索在描述决策中的作用。

（3）收集和整理关于处理、描述和连接所有形式特藏文献的当前和不断发展的标准、指南、规则、最佳做法、工具和趋势的知识。

（4）了解元数据创建和资源发现的共享平台，包括国家和历史书目、联合目录和资源库，并视情况将本机构藏品的信息积极地提供给这些平台。

（5）创建和管理有关数字文献（原生数字化文献和数字化文献）的描述性数据；了解特藏特定的元数据要求以及格式需求，例如，早期印刷品和现代文献之间的差异以及（或者）光学字符识别（OCR）的要求。

（6）为待编目的特藏文献提供一个安全的存放区域。

数字化数据管理

特藏专业人员利用信息技术管理馆藏和提供强大的文献获取功能。向用户提供馆藏文献是他们工作职责的一部分，他们通过探索、评估并使用合适的工具来实现这一目标。面对快速发展的信息技术，他们必须要有灵活性且不断学习，并能与其他图书馆员、档案员和工作人员相互协作。他们需要培养全面的沟通和组织能力，以及一系列核心的专业和技术技能。特藏专业人员参考自身机构政策，为与自身工作相关的信息技术应用和全类型的文献制定标准和最佳做法。在很多机构中，这项工作由专业技术人员负责，但原则上从事特藏工作的技术人员不仅需要了解对文献的特殊需求，也同样要掌握相关技术。

任职资格：

（1）特藏专业人员能适时选择需要数字化的文献，评估学者和用户的需求，并知道如何使用馆藏发展策略中的标准，包括稀有性、年代、载体形态和内在特征、状态和稳定性等。

（2）向不同的合作伙伴，包括技术知识有限的合作伙伴，介绍数字化项目的重要性、方法、需求和优先事项；在与信息技术有关的问题上，是与同事以及合作伙伴开展有效而高明的沟通教育者；选择并鼓励利益相关方参与决策制定。

（3）收集和整理有关数字化特藏和原生数字内容的问题、标准、趋势和最佳实践的最新知识，包括创建、管理、开发、策展、存储、组织、评估、描述和保存等。

（4）运用数据模型和检索语言方面的知识，有效维护和提供对特藏与档案元数据的访问。

（5）使用和配置数字资源库、数字保存、数据管理、内容管理和发现系统，包括与数字化管理人员合作开发的开源解决方案。

（6）管理数字资源库，将有关最佳实践的知识应用于访问、编目、创建、编辑、描述、传播、接收和保存数字对象。

（7）保持对数据创建管理和操作工具新进展的敏感和了解，以支持评估和研究活动。

（8）以数字资源长期保存为目的，评估格式、规范和系统，选择需要长期保存的数据；创建和使用数字资源长期保存的环境；深入了解如何实现数据备份、数据救援和长期备份策略相关知识。

（9）充分了解有关数字化馆藏的创建、管理和保存的法律问题。

3　特藏生命周期：从获取到注销

获取

"获取"（access）被定义为"一种发现的手段，包括向用户提供各种形式材料的程序，用于向潜在用户揭示馆藏的工具，以及向公众提供特藏资料的开放性"[①]。无论是提供实体，还是虚拟的访问权限，都给特藏专业人员带来了独特而持续的挑战。他们必须在采访工作完成后及时推广馆藏，确保公众能够发现这些内容。他们还需要提供平等获取所有文献（包括原始文献）的机会。这需要实现一种微妙的平衡，即在保护馆藏不受损害或被盗的前提下，确保它们易于发现和获取。

任职资格：

（1）特藏专业人员能及时处理和描述文献，通过机构的信息系统、数字资源库或其他平台向公众提供书目信息。

（2）在法律、捐赠协议或机构访问政策的许可的范围内，

[①]　芭芭拉·琼斯（Barbara Jones）:《隐藏的馆藏与学术障碍：在美国研究图书馆中对未经加工的特藏文献提供获取》（Hidden Collections, Scholarly Barriers: Creating Access to Unprocessed Special Collections Materials in America's Research Libraries）,《善本、手稿和文化遗产期刊》（*RBM: A Journal of Rare Books, Manuscripts, and Cultural Heritage*）,2004 年第 5 卷第 2 期:88-105 页。https://rbm.acrl.org/index.php/rbm/article/view/230。

提供对所有馆藏的获取；向研究人员和同事明确告知图书馆的获取政策。

（3）依据专业准则、标准和最佳实践，制定和实施关于阅览室和所需文献的检索、处理和存储的办法和流程。

（4）根据相关准则、标准和最佳实践，制定和实施公共服务（参考咨询、复制、流通、展览以及馆内和馆际借阅）的办法和流程。

（5）提供参考咨询服务，保护研究人员及其工作的机密性。

（6）根据当前趋势、专业准则、标准和最佳实践，为公立机构和非公立机构的工作人员或工作区域制定和实施安保措施和流程。

（7）向公众宣传和介绍有关图书馆的馆藏获取、公共服务以及服务费用的流程和政策。

（8）不断评估单件藏品和整体馆藏的状态和保存需求，并针对未来的处理和使用提出建议。

（9）开发和整理馆内特藏文献以及相关研究成果和出版物信息，确保提供专业的参考咨询服务。

（10）宣传和介绍图书馆简明的引用标注和版权政策。

馆藏管理、保存和保护

馆藏管理是特藏馆工作人员最重要的工作职责之一，承担这项职责的专业人员负责长期维护所有形式的馆藏。不同馆藏的状态有好有坏，而且形式多样，包括手稿、印本书籍、原生数字内容和档案馆藏，以及艺术品和三维文化遗产文物，因此特藏专业人员必须了解图书馆、档案馆和博物馆目前及新制定的保存和保护政策，他们还需了解馆藏存储、运输和展览的标准和最佳实践。特藏专业人员必须保障藏品的安全，免受所有内部和外部环境的威胁、盗窃和损坏。

任职资格：

（1）特藏专业人员应熟悉最新的图书和档案保存保护标准、技术与实践。

（2）遵守特藏文献的公众使用、处理、存放和保存程序的专业标准。

（3）定期开展馆藏保存状况评估；确定单件藏品或整体馆藏的保存和保护需求，并确定优先处理次序。

（4）维护专家和有关资源的联系信息，必要时寻求专业建议。

（5）对所有已编目和未编目的馆藏进行定期盘点；持续更新排架目录以及遗失馆藏文献的记录，根据安保流程向相关管理人员或机构汇报遗失情况。

（6）了解预防和应对故意破坏和盗窃馆藏的安防措施和策略，能够为部门乃至整个图书馆制定安保程序。

（7）掌握馆藏相关的卫生和安全事项，包括存储和使用条件、有毒有害物质或藏品上的霉菌；掌握帮助员工和用户规避风险的措施和方法，以及处理风险馆藏的流程，包括在必要时对风险馆藏进行销毁。

（8）掌握灾害应对方案，能够通过执行标准政策和程序应对灾害，以及为部门或图书馆制定灾害应对方案。

馆外延伸服务、展览与指导

特藏专业人员需要积极参与并支持与机构目标相一致的馆外延伸服务、展览和教学指导项目。这些参与性项目鼓励利用馆藏，这对馆藏的持续管理和机构支持至关重要。研究人员、教师、学生和公众可以通过展览，教学，参加项目、活动，在线体验和访问等途径参与到馆外延伸服务、展览和教学指导项目中。这些项目应支持人们访问和研究所有特藏文献，如条件允许还应包括原始文献和文化遗产文献。教学指导和馆外延伸服务活动有助于减少获取馆藏的障碍，使更多用户能够从馆藏中获益。

任职资格：

（1）特藏专业人员应尽量减少获取特藏的行政、客观和社会障碍，营造有利于学习、研究与学术合作的环境。

（2）掌握馆藏相关的当前研究、公众兴趣和社会趋势，认识藏品潜在的研究和教学用途，并能够有效地将其与不同受众的需求相匹配。

（3）能够识别和锁定潜在的研究人员、教学人员或受众对特藏的使用需求。

（4）鼓励研究人员、教师、学生和到馆读者使用机构所藏的所有类型和形式的文献，包括原始资料、文化遗产资料、善本特藏、档案和手稿，并引导他们使用其他实体和数字资源。

（5）策划和推进互动项目、研讨会、讲习班、展览和其他活动，从而推广特藏文献、提升用户体验并吸引到馆读者，针对不同群体策划不同活动。

（6）在展示或讲解可能涉及敏感内容（包括性别、种族、文化或历史问题）的文献时，适当运用展览、信息或教学内容进行解释。

（7）支持在上级机构或其他机构的课程设计中使用特藏文献；如条件允许，利用原始资料策划教学项目。

（8）面向不同受众策划并实施有效的图书馆教学课程；组织适合于不同层次受众的培训活动，包括选择并解读文献、确定内容以及发表演讲等。

（9）通过馆内和馆际互借项目为机构间合作提供支持。

推广与营销

推广活动有助于提高特藏馆的知名度，特藏专业人员可以通过有效的数字、媒体和印刷渠道发布有关馆藏价值以及图书馆服务和活动的信息。通过制定和实施战略推广和营销计划，特藏专业人员向受众介绍图书馆或上级机构或组织的使命、愿景、价值观和馆藏内容，确保潜在用户和到馆读者了解可用的资源和项目。

任职资格：

（1）特藏专业人员负责制定营销策略，宣传图书馆、馆藏文献和资源的获取途径，提高其在社区、国家乃至全球范围的知名度。

（2）针对本地、国家和国际既有的、新出现的和非典型的受众、团体和组织，制定营销策略。

（3）利用社交媒体、数字手段、印刷品和其他实体形式有效宣传图书馆及其馆藏、活动、项目、服务和专题活动。

（4）与上级或其他机构合作推广馆藏或相关活动。

（5）展示特藏馆的价值、历史文化意义及其对当地经济的影响。

（6）营造安全、友好和相互尊重的环境。

宣传

宣传包括外部宣传，即向公众解释特藏重要意义的能力，以及将这些信息传达给广泛受众的工具。宣传也包括内部宣传，即向管理层、预算决策部门和利益相关方阐明特藏价值，同时倡导内部合作和特藏的内部使用。特藏的宣传必须阐释长期保存文化遗产的重要性，以及做好这项工作可能对特藏资源带来的影响。

任职资格：

（1）特藏专业人员须阐明保存特藏文献的必要性，以及开展此类工作所需的资金、人员和设施。

（2）通过评估调查、项目规划和馆外延伸服务，向所属机构、利益相关方和公众展示特藏馆的价值。

（3）通过协作、馆外延伸服务、奖励机制和基础设施建设，使特藏馆融入更广泛的机构和社区环境；将特藏馆与所属机构的目标、课程和当地社区参与结合起来。

（4）鼓励和支持不同用户群体利用特藏文献。

（5）了解国内和国际文化遗产趋势及其与特藏馆的关系。

（6）寻求外部资金支持，用于特藏的宣传、保存和保护。

注销

在特藏馆中，注销（deaccessioning）不是一种常见的做法。但是，由于藏品的重复（特别是价值较高的藏品）、机构关闭、文化遗产文献归还、对未使用或超出馆藏范围的藏品进行重新评估，或其他原因，特藏馆可能会需要注销藏品。被注销的藏品可以返还给捐赠者、转移到其他学术机构、公开出售或销毁。在这种情况下，注销藏品的决定，尤其是具有重大研究或经济价值的藏品，必须符合道德要求，并充分考虑相关因素。特藏专业人员必须具备评估需要注销藏品的背景和技能，从而做出正确的决定。

任职资格：

（1）特藏专业人员要清楚是否有内部限制（如机构规定），或外部限制（如捐赠者或其他法律问题），会妨碍藏品的注销；在考虑注销藏品时，应合理告知捐赠者。

（2）确认租借或半永久性出借协议是否规定在何种条件下所有者可以撤回藏品，并将其归还给所有者。

（3）根据馆藏发展政策了解藏品是否超出了目前的收藏工作范围。

（4）确认某一特藏是否为复本或其复本以其他形式保存在图书馆或其他机构。

（5）确保在注销选定决议后附上评估报告。

（6）调查和评估藏品状况，以确认是否已损毁至无法使用，是否需要耗费极高的成本进行保存或保护处理。

（7）掌握有关文化遗产文献归还的国际、国家和地方法律法规；与有关部门合作，消解注销行为对馆藏产生的任何影响。

（8）在机构关闭的情况下，了解处理某些藏品或整体馆藏的法律法规或专业准则。

（9）明确注销文献对公众获取信息的影响；如可能，建议将拟注销的文献转移到其他机构。

（10）注销的文献应有明确的标记（印章或封条），以表明它不再属于某一特藏或机构。

特藏生命周期

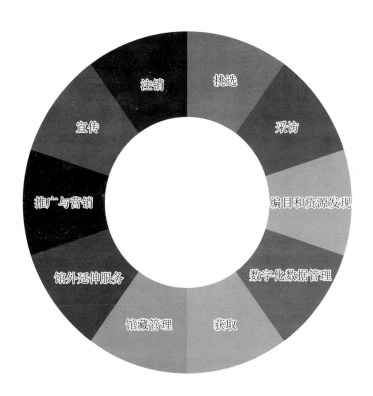

4 从业要求：教育和培训

正规教育和培训

特藏专业人员从不同专业背景进入这个领域。世界各地对特藏工作的从业标准各不相同，一些国家和领域强调学术能力，另一些则强调全面的专业资格。正规教育或培训包括图书馆学或档案学本科或研究生课程，其所颁发的文凭或取得的最后学历可能是入职某些机构所必须的条件。非正规教育或培训包括实际工作经验或职业发展活动、工作坊或学术会议。无论是哪种形式，特藏专业人员培训应涵盖图书馆学或档案学的方法和理论，以及人文学科研究的方法论，从而使图书馆员、档案员或技术人员在处理此类工作或具有此类特点的文献时能有所准备。

任职资格：

（1）特藏专业人员必须清楚，图书馆是文化记忆机构，其馆藏对于保护世界共同的文化和知识遗产具有重要意义。

（2）掌握关于特藏文献的基本历史、理论和最佳实践知识；能够处理不同载体形态的文献，包括印本、手稿、档案资料、短时效收藏品、纸质作品（照片、印刷品、地图和其他图像作品）、视听资料、数字媒体、艺术品、人工制品和三维物体，同时培养个人专长。

（3）熟悉书籍史、书籍艺术、印刷史、书籍制作、书籍出版和相关术语。

（4）通过各种物理、摄影和数字化流程，开发和掌握有关创建档案和非印刷文献制作方法的知识。

（5）掌握基于现有的方法和理论来整理和编目图书与档案的流程；了解"尊重全宗原则"的概念和档案来源，以及处理档案馆藏时保持原始顺序的必要性。

（6）根据职责的需要，培养特定领域的专业能力，例如馆藏开发、描述和获取、教学、保存、信息技术、数据管理和数字化技术等。

（7）掌握特藏文献的公众使用、操作、存放和存储流程的专业标准。

（8）熟悉当前图书和档案保存保护的标准、技术和实践。

（9）具备处理、解释和推广馆藏所需的历史知识和语言技能。

（10）培养管理技能，包括战略规划、员工监督和工作流程组织，招募和培训员工，并开发用于评估的经济实用的业务和成本模型。

非正规教育和培训：继续教育与职业发展

特藏专业人员必须致力于终身学习，参加继续教育活动。他们需要在组织内部或外部寻求职业发展机会，从而扩大知识储备，紧跟新趋势、新方法、新理论、新技术和最佳业务实践。

任职资格：

（1）特藏专业人员可参加与工作相关的研究生或大学教育课程、拓展课程和工作坊，以获得必要的技能。

（2）加入专业组织，参加专业会议并（或）在会上发表与工作有关的主题论文。

（3）持续关注最新出版的实体或线上学科文献，适当时在专业期刊上发表文章。

（4）了解和探索其他机构的特藏馆。

（5）在专业团体内担任领导或顾问。

（6）支持所有员工的职业发展。

5 职业道德

特藏专业人员在记忆和文化机构工作，肩负重任。作为文化遗产的管理者，他们负责这些文献的日常护理、保存、存取、安全和行政管理。这些人遵守着一套核心价值观，这套价值观指引着他们的实际工作和活动。

任职资格：

（1）特藏专业人员应遵守管理特藏文献的职业行为准则；理解特藏工作应符合职业道德要求，并且知道有明确的特藏和档案专业人员道德规范可供参考[1][2]。

---

①　美国大学与研究图书馆协会善本手稿专业组：《美国大学与研究图书馆协会特藏图书馆员道德准则（2003）》[*ACRL Code of Ethics for Special Collections Librarians(2003)*]，2019 年 2 月 24 日查阅：http://rbms.info/standards/code_of_ethics。

②　美国档案工作者协会（Society for American Archivists）：《美国档案工作者协会核心价值声明和道德规范（2011）》[*SAA Core Values Statement and Code of Ethics (2011)*]，2019 年 2 月 24 日 查 阅：http://archivists.org/statements/saa-core-values-statement-and-code-of-ethics。

（2）根据机构、职业和道德方面的标准和价值观，在了解各种采访途径（拍卖，书展，销售目录，以及书商、私人收藏家和公共机构直接报价）的基础上，采取有效且符合道德的采访方式。

（3）了解拟采访藏品的来源，以便及时发现并避免出现非法采访行为。

（4）确保及时处理和描述文献。通过机构的信息系统、数字资源库或其他平台向公众提供书目信息，避免出现无法被发现或使用的隐藏文献。

（5）在法律、捐赠协议或机构访问政策的许可范围内，提供对所有馆藏的获取。

（6）为所有问询提供协助，并为研究人员及其工作保密。

（7）妥善保管受托的馆藏。

（8）解决和避免利益冲突。

（9）与其他收藏机构合作。

（10）以合作、协商的方式与创建藏品的社区合作，例如原住民族或少数民族社区。

（11）了解并遵守所有当地、国家和国际法律。

（12）了理并遵守国家和国际与特藏有关的知识产权和版权法律。

附录　特藏状态确认标准

以下评估特藏文献的标准改编自美国大学与研究图书馆协会

（ACRL）制定的《一般馆藏转为特藏文献的筛选指南》（2008）[①]。下方列举的每个标准的示例仅供参考，并不是代表不同特征的唯一示例。值得注意的是，随着价值观和环境的变化，各个机构都应定期审查其政策，以确保在筛选过程中能参考最新、最有效的特藏标准。此外，这些标准适用于所有形式的书籍，包括抄本和卷轴。它们也可用于评估特藏馆的非图书藏品，如档案或历史藏品、印本与数字作品、短时效收藏品、照片、印刷品、地图和其他图像作品；所有格式的视听资料；原生数字内容和数字化媒体；不可替代或稀有且无价的艺术品和三维物品[②]。

1. 市场价值

在开放和竞争的市场中，一件物品或藏品的市场价值是买方愿意支付以及卖方可接受的最高价格。市场价值高的书籍被盗的风险更大，所以特藏馆为了保护馆藏资源，通常会为纳入馆藏的书价设定一个货币上限值或阈值。货币价值达到或者超出这个阈值的图书将被自动纳入特藏馆。阈值应定期审查，并根据需要进行调整。

2. 稀有性和稀缺性

美国大学与研究图书馆协会制定的指南将稀有性（rarity）

[①] 美国大学与研究图书馆协会善本手稿专业组：《一般馆藏转为特藏文献的筛选指南》，2019 年 2 月 24 日查阅：http://www.ala.org/acrl/standards/selctransfer。

[②] 美国大学与研究图书馆协会善本手稿专业组：《美国大学与研究图书馆协会指南：特藏专业人员任职资格》，2019 年 2 月 24 日查阅：http://www.ala.org/acrl/standards/comp4specollect。

定义为"发现的数量较少，因此作用或价值较高"，将"稀缺性"（scarcity）定义为"不足以满足需求或需要"。例如，以限量版印制的书籍具有稀有性，因为它从一开始就是限量出版的；而人类行为以及自然或灾害性因素会造成书籍的稀缺。符合这些标准并被确定为稀有或稀缺的书籍、地图、手稿、短时效收藏品、视听或三维材料通常被认定为特藏。

稀有性示例：

①在印本或电子数据库中可见的复本少于 10 册 / 件（可见复本的数量因机构而异，有些图书馆可能以 5 册 / 件为标准，有些可能以 15 册 / 件为上限）；

②限量版的或数量为 100 册 / 件及以下的书籍、地图、宽幅画（broadsides）、短时效印刷品；

③在一个联盟或地区内的复本数量少于 3 册 / 件的藏品；

④有独特价值的照片或音像制品；

⑤探险笔记或日志。

稀缺性示例：

① 私人档案或文件；

②通常不出售的书籍；

③私人出版物，如家族史或回忆录；

④有关当地特征、历史或当地作家撰写的图书和其他文献；

⑤海报、标牌或宽幅画。

3. 出版日期和地点

一本书的版本说明（出版日期和地点）是判断它在时间和空间中所处位置的重要标准。一般来说，一本书的年代越久远，它对于特藏专业人员来说就越有价值和意义。例如，鉴于其年代和制作技术，16 世纪之前制作的手抄本总是被认为是罕见的。对于印刷品来说，被界定为"摇篮本"（早期印刷作品）的图书都被归为稀有文献。在欧洲，公元 1450 年至 1500 年之间印刷的图书也属于摇篮本，因为它们代表了第一代新印刷技术：活字印刷和印刷机。然而在东亚，最早的印本包括雕版（韩国，公元 751 年）、金属活字（韩国，公元 1234 年）、泥活字（中国，11 世纪）和木活字（中国，公元 1297 年）印刷文献，显然比西方的摇篮本早出几个世纪。由于印刷传统在不同的地区以及不同时间独立发展，这也导致不同地区出现早期印本的时间有所不同。

地点本身也可以是一个有用但次要的标准（如敦煌、果阿、莱顿、墨西哥、美因茨、威尼斯或威斯敏斯特），因为它提供了地理背景。而一旦与年代结合起来，这两者便为正确评估工作提供了必要的历史背景信息。例如，如果一本书出版于 1536—1560 年的墨西哥，那么它会被认为是美洲最早的一批印刷书籍，并且最有可能出自出版商胡安·帕布罗斯（Juan Pablos）之手；一本 1484 年出版、印有"威斯敏斯特"（Westmynstre）的书应该是威利姆·卡克斯顿印刷厂（Wylliam Caxton's print shop）的作品，它也是英国最早的印刷书籍之一；一本印有"奥格斯堡"（Augsburg）的 1484 年的书可能是第一位女性排版师安娜·吕格琳（Anna Rügerin）的作品。年代和地点可以有效确定每件作品的出处，并有助于对其进行鉴别和评估。

4. 物理形态和内在特征

将一本书与其他书区别开来的某些物理形态和内在特征通

常被用来确定其稀有性。它可以是一枚明朝的印章，一位重要历史人物的签名，一个著名收藏家或图书馆的印章、钤印、藏书票，一张粘在环衬上某位书商的票据，18世纪后期的树状小牛皮装帧，或符合特藏专业人员标准或馆藏要求的任何特征。

物理形态和内在特征示例（包括但不限于）：

①彩绘稿抄本；

②书法卷轴或作品；

③被鉴定为特定抄写员［如洛卡斯·达林（Lúcás Ó Dalláin），莱斯诺沃的斯坦尼斯拉夫（Stanislav of Lesnovo），或亚当·平赫斯特（Adam Pynkhurst）］、书法家［如伊本·穆克拉（Ibn Muqla）、王羲之、金正喜（Kim Jung-hee）、本阿弥光悦（Hon'ami Kōetsu）、彩绘师［如阿纳斯塔西亚（Anastasia）、赞诺比·斯特罗兹（Zanobi Strozzi）］或艺术家［例如文鹏、波尔（Pol）和赫尔曼·林堡（Hermann Limbourg）、安德鲁·怀斯（Andrew Wyeth）］的作品；

④出自特定出版社或印刷厂的作品［如埃尔塞维尔（Elzevir）①、安娜·法布里（Anna Fabri）、夏洛特·吉拉德（Charlotte Guillard）、约翰·古登堡（Johann Guttenberg）、阿尔杜斯·马努提乌斯（Aldus Manutius）、奥格斯堡的安娜·吕格琳（Anna Rügerin of Augsburg）］；

⑤出自特定印刷商、工作坊或探险队的地图；

⑥带有装饰性环衬的书籍（如雕版印刷、大理石花纹、插图）；

---

① 埃尔塞维尔是创立于1580年的荷兰家族出版社。后来创办于1880年的出版企业爱思唯尔（Elsevier）的名字源自于此。——译者注

⑦带有地图、版画、未装订图画、原创艺术品或照片的书籍；

⑧带有原始纸包装或护封的书籍；

⑨装帧独特的书籍、羊皮纸包装的书籍或以装饰性装帧见长的出版商制作的书籍（如科普特式线装、棕榈叶线装、木板书、布绣装书）；

⑩独具特色的卷册（如带有额外的插图或手工整理的汇编）；

⑪带有活动附件的书籍，如立体页或折页（如早期科学或医学书籍）；

⑫手工制作或使用特殊材料制作的书籍（如艺术家书籍）；

⑬非标准尺寸或形状的书籍或物品（如卷轴、微型书、腰带书、大开本）；

⑭剪贴簿、相册和手稿（手写或打字）作品；

⑮具有重要来源信息或关联证据的书籍和其他资料（包括装帧匠的票据、藏书票、题识、中式印章和批注）；

⑯印刷品，包括宽幅画、海报、短时效收藏品、地图、木版画和原创艺术品（印刷品和非印刷品）；

⑰特定艺术家或雕刻家的作品；

⑱特定摄影师或者在特定时段所拍摄的照片；

⑲特定艺术家或者在特定时段所录制的音乐作品；

⑳特定艺术家或导演所拍摄的电影，或者在特定时段所拍摄的电影。

5. 书况

书况是一种相对的或主观的评价，但它仍然是一个关键标准，这一标准为书籍的评估设定了需求和价格基础。保留原始装订，完好无损、近乎全新或状况良好①是书籍的理想状态，受到图书馆、书商和收藏家的追捧，他们愿意为这些书支付高价。有污损、水渍，被修复过，重新装订，缺页，订线松动，封皮缺失或其他未能保持原始状态的书籍通常不太受欢迎，其市场价值也会贬损。但这只是一种主观价值，如果是破损的古腾堡圣经、14 世纪的元代医学文献或廷巴克图手稿，这样具有历史意义的作品仍保持较高的市场价值，尽管可能没有状态更好的复本价值高。总之，与书况较差、破损或脏污的文献相比，有良好、洁净或令人满意状态的文献更受欢迎。

6. 书目和研究价值（历史、文化或学术）

这一标准包含常常被忽视的文献类型：政府文件、灰色文献和其他具有历史、文化或学术价值的书籍。虽然其中一些类型文献的原始版本已经得到数字化或再版，但其原始版本对研究人员仍有实质性的意义。

具有书目和（历史、文化或学术）研究价值的作品包括：

①精选的联邦、州和地方政府文件（例如，一般性文件，如东印度公司记录、法国国家档案馆记录或特定文章，如《"泰坦尼克号"的灾难：美国参议院商务委员会小组委员会根据第 283 号决议调查导致白星公司轮船"泰坦尼克号"失事原因的听证会》，参议院第 726 号文件，第 62 届国会第 2 次会议，1912，

---

① 有关书况的描述，参见约翰·卡特（John Carter）著，尼古拉斯·巴克（Nicholas Barker）修订的《图书收藏指南》（*ABC for Book Collectors*），特拉华州纽卡斯尔：橡树丘出版社（Oak Knoll Press），1998 年。

华盛顿特区：美国政府出版局）；

②19 世纪的科学发现和探险记录；

③包含地图或图版的政府出版物；

④人种学报告；

⑤重要历史事件期间产生的原始资料；

⑥被审查、不能公开的或受质疑的书籍；

⑦对某个研究领域或文学流派有重要意义的书籍；

⑧机构内部使用的灰色文献或文件（例如，世界银行外包机构发布的论文或研究报告）；

⑨拍卖目录、参考书和某些期刊。

致谢

国际图联善本特藏专业组衷心感谢《善本特藏专业人员任职资格指南》工作组在过去四年为制定本指南所做出的努力和贡献。

《善本特藏专业人员任职资格指南》工作组的成员名单如下。该工作组成员由国际图联善本特藏专业组常委会委员、前任委员（**）和非委员（*）构成。

克劳迪娅·布贝尼克（Claudia Bubenik），德国

法比亚诺·加泰尔多·德·阿泽维多（Fabiano Cataldo de Azevedo），巴西 **

玛丽亚·卡斯蒂罗（Maria Castrillo），英国

丹妮尔·卡佩珀（Danielle Culpepper），美国

伊莎贝尔·加西亚 - 蒙格（Isabel Garcia-Monge），西班牙

亚历山大·哈拉尔茨维克 - 林斯内斯（Alexander Haraldsvik-Lyngsnes），挪威

克劳迪娅·费边（Claudia Fabian），德国 **

贝丝·基尔马克思（Beth Kilmarx）主席，美国

雷米·马蒂斯（Rémi Mathis），法国

拉斐尔·莫里恩（Raphaële Mouren），法国 **

梅克斯威利·佩里亚萨米（Makeswary Periasamy），新加坡

梅格·菲利普斯（Megan Phillips），美国

查蜜莉雅·拉马扎诺娃（Dzhamilya Ramazanova），俄罗斯

艾尔玛·舒勒（Irma Schuler），意大利 *

陈慧心（Huisim Tan），新加坡 **

海伦·文森特（Helen Vincent），英国

此外，善本特藏专业组常委会委员还包括：

弗里德里克·布林（Frédéric Blin），法国

阿德莱达·卡洛·马丁（Adelaida Caro Martin），西班牙

玛丽亚·奥罗拉·迪兹·巴尼奥斯（Maria Aurora Diez Baños），西班牙

马克·戴缪内森（Mark Dimunation），美国 **

玛丽亚·埃尔马科娃（Maria Ermakova），俄罗斯

斯坦尼斯拉夫·埃莫连科（Stanislav Ermolenko），俄罗斯

达里尔·格林（Daryl Green），英国

纳伊玛·凯达内（Naïma Keddane），摩洛哥

克里斯特·奥斯特兰德（Krister Östlund），瑞典 **

穆罕默德·艾哈迈德·索利曼（Mohamed Ahmed Soliman），

埃及 **

黑格·斯滕斯鲁德·赫塞恩（Hege Stensrud Høsøien），挪威 **

安东尼·特德斯基（Anthony Tedeschi），新西兰

玛丽亚娜·托米奇（Marijana Tomic），克罗地亚

国际图联善本特藏专业组感谢以下专业组和特别兴趣小组帮助修改和完善文件草案。

国际图联专业组：

学术与研究图书馆专业组（Academic and Research Libraries）

采访与馆藏建设专业组（Acquisition and Collection Development）

艺术图书馆专业组（Art Libraries）

继续职业发展与在职学习专业组（Continuing Professional Development and Workplace Learning Section）

家谱与方志专业组（Local History and Genealogy）

国家图书馆专业组（National Libraries）

保存保护专业组（Preservation and Conservation）

国际图联特别兴趣小组：

新专业人员特别兴趣小组（New Professionals）

数字人文—数字学术特别兴趣小组（Digital Humanities – Digital Scholarship）

参考文献

注：以"——"开头的参考文献表示作者同上一条。

Academy of Certified Archivists. "Role Delineation Statement for Professional Archivists." In *Handbook for Archival Certification*, 17-24. Albany, New York: Academy of Certified Archivists, 2012. Accessed April 25, 2016. https://www.certifiedarchivists.org/wp-content/uploads/2013/07/RevFeb2017_ACAHandbook.pdf.

Association of College and Research Libraries. *Connect, Collaborate, and Communicate: A report from the value of Academic Libraries Summits*. Prepared by Karen Brown and Kara J. Malenfant. Chicago: Association of College and Research Libraries, 2012. Accessed April 25, 2016. http://www.ala.org/acrl/sites/ala.org.acrl/files/content/issues/value/val_summit.pdf.

—— "ACRL Guidelines for Instruction Programs in Academic Libraries (2011). Accessed April 25, 2016. http://www.ala.org/acrl/standards/guidelinesinstruction.

Association of College and Research Libraries and Society of American Archivists. "ACRL/SAA Joint Statement on Access to Research Materials in Archives and Special Collections Libraries (2009)." Accessed April 25, 2016. http://www.ala.org/acrl/standards/jointstatement.

Association of Southeastern Research Libraries. "Shaping the Future:

ASERL's Competencies for Research Librarians." Accessed April 25, 2016. http://www.aserl.org/programs/competencies.

Bishop, Bradley Wade, Adrienne W. Cadle and Tony H. Grubesic. "Job analyses of emerging information professions: a survey validation of core competencies to inform curricula." *Library Quarterly* 85.1 (January 2015): 61-84.

Carter, John, revised by Nicholas Barker. *ABC for Book Collectors*. New Castle, Delaware : Oak Knoll Press. 1998.

Delbey, Thomas, Jakob Povl Holck, Bjarke Jørgensen, Alexandra Alvis, Vanessa Haight Smith, Gwénaëlle M. Kavich, Kimberly A. Harmon, Bertil Fabricius Dorch, Kaare Lund Rasmussen. "Poisonous books — Analyses of four sixteenth and seventeenth century book bindings covered with arsenic rich green paint." *Heritage Science* 2019 7:91. Springer Nature. Accessed November 30, 2019. https://heritagesciencejournal.springeropen.com/articles?query=Delbey&volume=&searchType=&tab=keyword.

Didier, Travier. "Réserve précieuse et collections semi-précieuses en bibliothèque universitaire." MÉMOIRE D'ÉTUDE Ecole Nationale Supérieure des Sciences de l'Information et des Bibliothèques sous la direction de Monsieur Jean-Marc Proust, 2000.

Dooley, Jackie M. "The OCLC Research Survey of Special Collections and Archives." *Liber Quarterly* 21 (2011): 125-137. Accessed April 25, 2016. https://www.liberquarterly.eu/articles/10.18352/lq.8011.

Dooley, Jackie M. and Katherine Luce. *Taking our Pulse: The OCLC Research Survey of Special Collections and Archives*. Dublin, Ohio: OCLC, 2010. Accessed April 25, 2016. http://www.oclc. org/content/dam/research/publications/library/2010/2010-11. pdf?urlm=162945.

Hansen, Kelli. "Education, Training, and Recruitment of Special Collections Librarians: an Analysis of Job Advertisements." *RBM: A Journal of Rare Books, Manuscripts, and Cultural Heritage* 12.2 (Fall 2011): 110-131.

Hope College, Van Wylen Library. "Defining a Rare Book." Accessed April 15, 2019. https://hope.edu/library/special-collections/rare-books/define-rare.html.

Jones, Barbara M. "Hidden Collections, Scholarly Barriers: Creating Access to Unprocessed Special Collections Materials in America's Research Libraries." *RBM: A Journal of Rare Books, Manuscripts and Cultural Heritage* 5, no. 2 (2004): 88–105.

Levine-Clark, Michael and Toni M. Carter, editors. "ALA Glossary of Library and Information Science." Fourth edition. (2013). Accessed April 16, 2019. https://www.alastore.ala.org/content/ala-glossary-library-and-information-science-fourthedition

Liepaitė, Inga. "Sąvokų Reta Knyga, Vertinga Knyga ir Sena Knyga Samprata Bei Vartosena Sovietinės Lietuvos Knygos Kultūroje." *Knygotyra* 56 (2011):56-84.

McKitterick, David. *The Invention of Rare Books: Private Interest and Public Memory, 1600-1840*. Cambridge, United Kingdom:

Cambridge University Press. 2018.

Mouren, Raphaële, ed. *Ambassadors of the Book: Competencies and Training for Heritage Librarians.* Berlin: De Gruyter Saur. 2012.

National Information Standards Organization. "ANSI/NISO Z39.79-2001-Environmental Conditions for Exhibiting Library and Archival Materials." Accessed February 24, 2019. http://www.ala.org/acrl/standards/specialcollections.

National Library of Scotland. "Rare Books for Beginners." Accessed April 16, 2019. https://www.nls.uk/collections/rare-books/beginners.

Norman, Jeremy. "The Six Criteria of Rarity in Antiquarian Books." Accessed 16, 2019. http://www.historyofscience.com/traditions/rare-book.php.

Northeast Document Conservation Center. "Preservation Leaflet 2.4: Protection from Light Damage." Accessed February 24, 2019. https://www.nedcc.org/free-resources/preservationleaflets/2.-the-environment/2.4-protection-from-light-damage.

—— "Preservation Leaflet 2.5: Protecting Book and Paper Collections During Exhibition." Accessed February 24, 2019. https://www.nedcc.org/free-resources/preservation-leaflets/2.-the-environment/2.5-protecting-paper-and-book-collections-during-exhibition

Rare Books and Manuscripts Section, Association of College and Research Libraries. "ACRL Code of Ethics for Special Collections Librarians (2003)." Accessed February 24, 2019. http://rbms.info/

standards/code_of_ethics.

—— "ACRL Guidelines: Competencies for Special Collections Professionals." Accessed February 24, 2019. http://www.ala.org/ acrl/standards/comp4specollect.

—— "ACRL Guidelines on the Selection of General Collection Materials for Transfer to Special Collections (2008)." Accessed February 24, 2019. http://www.ala.org/acrl/standards/selctransfer.

—— "Guidelines for Primary Source Literacy", approved by the ACRL Board of Directors, February 12, 2018. Accessed February 24, 2019. http://rbms.info/standards

—— "ACRL/RBMS Guidelines for Interlibrary and Exhibition Loan of Special Collections Materials (2012)." Accessed February 24, 2019. http://www.ala.org/acrl/standards/specialcollections.

—— "ACRL/RBMS Guidelines Regarding Security and Theft in Special Collections (2009)." Accessed February 24, 2019. http:// www.ala.org/acrl/standards/security_theft.

—— "ACRL/RBMS Standardized Statistical Measures and Metrics for Public Services in Archival Repositories and Special Collections Libraries." Accessed August 8, 2020. http:// www.ala.org/acrl/sites/ala.org.acrl/files/content/standards/ statmeasures2018.pdf

Reference and User Services Association, American Libraries Association. "Guidelines for Behavioral Performance of Reference and Information Service Providers (2013)." Accessed February 24, 2019. http://www.ala.org/rusa/resources/guidelines/

guidelinesbehavioral.

—— "Interlibrary Loan Code for the United States." Accessed March 9, 2018. http://www.ala.org/acrl/standards/specialcollections.

—— "Professional Competencies for Reference and User Services Librarians (2003)." Accessed February 24, 2019. http://www.ala.org/rusa/resources/guidelines/professional.

Schreyer, Alice D. "What's So Special about Special Collections Librarians?" *RBM: A Journal of Rare Books, Manuscripts, and Cultural Heritage* 7 (2006): 49-54.

—— "Education and Training for Careers in Special Collections. A White Paper Prepared for The Association of Research Libraries Special Collections Task Force (November 2004)." Accessed April 25, 2016. http://www.arl.org/storage/documents/publications/special-coll-career-training-nov04.pdf.

Society of American Archivists. "Guidelines for a Graduate Program in Archival Studies." Accessed March 7, 2018. https://www2.archivists.org/groups/education-committee/guidelines-for-a-graduate-program-in-archival-studies.

—— "SAA Core Values Statement and Code of Ethics." Accessed February 24, 2019. http://archivists.org/statements/saa-core-values-statement-and-code-of-ethics.

Sommer, T. D. "Promoting Public Outreach and Awareness for UNLV Special Collections."May 2012. Presentation at Conference of Inter-Mountain Archivists (CIMA) & Society of Southwest Archivists (SSA) Conference, Mesa, AZ.

Stam, Deirdre C. "Bridge that Gap! Education and Special Collections." *RBM: A Journal of Rare Books, Manuscripts, and Cultural Heritage* 7 (2006): 16-30.

Tansey, Eira. "The Landscape of Archival Employment: A Study of Professional Archivist Job Advertisements, 2006-2014." *Archival Practice* 2 (2015).

"Titanic" Disaster: Hearings before the Subcommittee of the Committee on Commerce United States Senate, pursuant to S. Res. 283 directing the Committee on Commerce to investigate the causes leading to the wreck of the White Star Liner "Titanic," S.Doc. 726, 62nd Congress, 2nd sess. (1912). Washington, D.C. : Government Printing Office.

University of Glasgow. "What are Special Collections?" Accessed February 24, 2019. https://www.gla.ac.uk/myglasgow/specialcollections/whatarespecialcollections.

University of St. Andrews, University Library. "What makes a Book Rare?" Accessed April 16, 2019. https://www.st-andrews.ac.uk/library/specialcollections/collections/rarebooks/whatmakesabookrare.

University of Otago, Centre for the Book. "The Origins of Rare Books." Accessed April 16, 2019. https://blogs.otago.ac.nz/cfb/rbs2017/origins

国际图联开展数字化整合项目指南

IFLA Guidelines for Setting Up a Digital Unification Project

第一版

伊莎贝尔·尼芬奈杰（Isabelle Nyffenegger），克里斯蒂安·詹森（Kristian Jensen）主编

国际图联数字化整合工作组（IFLA Digital Unification Working Group）参与编写

2019 年 8 月

由国际图联专业委员会审核通过

翻译：郭妮、刘源泓

审校：聂华

目录

1 **概述** ·· 80

  1.1 从数字化保存到数字化整合 ·············· 80

  1.2 国际图联数字化整合工作组 ·············· 81

2 **项目界定** ·· 84

  2.1 你为什么要做这个项目？项目的目的是什么？ ········ 84

  2.2 你与谁合作？ ···································· 86

  2.3 需要哪些资源？ ································ 88

  2.4 项目的时间表是什么？ ···················· 89

3 **项目管理** ·· 90

  3.1 保存与保护 ······································ 90

  3.2 编目与元数据 ···································· 91

  3.3 数字化 ·· 91

  3.4 传播 ··· 92

  3.5 宣传与推广 ······································ 94

4 **项目完结** ·· 96

  4.1 撰写报告 ··· 96

  4.2 管理产出资源 ···································· 96

  4.3 安排人员 ··· 97

5 **附录** ·· 97

  5.1 案例研究介绍 ···································· 97

  5.2 数字化整合工作组成员 ···················· 102

1 概述

1.1 从数字化保存到数字化整合

世界范围的图书馆和档案馆保存着大量对各国人民具有重要文化意义的馆藏。这些馆藏内容不仅记录人类历史不可分割的内在联系，如果能相互关联，则更具历史意义和重要性。随着几十年来技术的发展，世界各地的馆藏文物可以通过数字化手段汇集一堂，使各国民众和研究人员无论身处何地都可以使用。这些馆藏无论是从历史角度、知识角度、主题角度或美学角度来看，都是人类的共同文化遗产。

国际图联（IFLA）与联合国教科文组织（UNESCO）认识到：保护文献遗产刻不容缓；世界多个地区在获取文献遗产方面仍然存在困难；这些文献遗产对于构建、传播和推广全人类共同的知识与记忆提供了重要支持。联合国教科文组织在1992年倡议发起了"世界记忆项目"，在2015年发布了《关于保存和获取包括数字遗产在内的文献遗产的建议书》，这些都很好地证明了国际组织对文献保存的高度重视。

图书馆界十分了解文献遗产保存的脆弱性以及丢失相关信息资源的风险，率先将文献遗产的数字化保存作为核心目标。

最早的大型数字化项目是由国家层面发起的，例如1998年法国国家图书馆与其合作伙伴共同建立了加里加（Gallica）法国国家数字图书馆，随后多个国家纷纷效仿。十年后，区域性合作项目开始涌现,第一个区域性项目是 2008 年建立的欧洲的欧罗巴那数字图书馆(Europeana)。而首个全球合作项目出现在 2009 年,是由联合国教科文组织支持、美国国会图书馆牵头建立的世界数字图书馆。

自 21 世纪初以来,数字化整合项目不断兴起,其中大多为国家项目,这些项目的多样化程度和规模一直在提升:不仅涉及某一国家国内分散馆藏的集中,还涉及拥有共同的语言、宗教、文化或历史(殖民史、战争、盟约、商旅路线等)的国家与地区馆藏的集中。从 2010 年起,各项目开始加强对数字化馆藏的揭示,并通过背景延伸和介绍等手段推动文献遗产的宣传并加深子孙后代的理解。

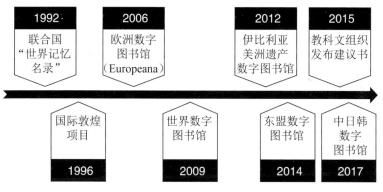

图 文献遗产数字化大型项目

1.2 国际图联数字化整合工作组

2015 年,国际图联发布了《行动计划 3.2.2》,旨在打造一个促进相互探讨和交流的环境,解决图书馆在整合数字或虚拟文献遗产内容时遇到的馆藏与获取问题。

为了推进当前的对话、助力文献遗产的数字化整合工作，国际图联于 2017 年 4 月成立了工作组（IFLA Working Group on digital unification），成员来自国际图联管理委员会（IFLA Governing Board）、各专业组（保存与保护专业组、国家图书馆专业组、本土事务专业组、善本特藏专业组）、联合国教科文组织"世界记忆项目"、国际档案理事会（International Council on Archives，ICA）和国家图书馆馆长会议（Conference of Directors of National Libraries，CDNL），还包括来自法国国家图书馆、英国国家图书馆、全球遗产与发展中心、荷兰莱顿大学、以色列国家图书馆、韩国国立中央图书馆和南非斯泰伦博斯大学等机构的专家。

工作组前任主席为国家图书馆专业组主席古伊·贝尔蒂奥姆（Guy Berthiaume）博士，现任主席为法国国家图书馆国际事务部主任伊莎贝尔·尼芬奈杰（Isabelle Nyffenegger）。工作组完整的职权范围现已提供 PDF 文件下载①，成员名单附后（5.2）。国际图联总部政策与倡导工作负责人斯蒂芬·韦伯（Stephen Wyber）提供了支持。

工作组致力于总结最佳案例和样板，为各图书馆机构参与数字化整合项目提供参考。

工作组在 2017 年 8 月 23 日召开的第一次会议上决定创建模板，用于收集案例。法国国家图书馆的伊莎贝尔·尼芬奈杰

---

① 在国际图联官网提供下载，网址是：https://www.ifla.org/wp-content/uploads/2019/05/assets/hq/topics/cultural-heritage/documents/digitalunificationwgtorfinal_ver_dec_2017.pdf。

和英国国家图书馆的克里斯蒂安·詹森（Kristian Jensen）编写了模板，并于 2017 年 12 月 18 日提交至工作组，各成员对第一个版本进行了测试。2018 年 3 月，工作组通过国家图书馆馆长会议的邮件列表发布了调查表；截至当年 7 月，共有 22 个机构填写了调查表，其中包含近 50 个国家的 22 个项目，为法国国家图书馆的阿娜依·贝丝（Anaïs Basse）后期的数据分析提供了坚实基础。

在 2018 年 8 月举行的国际图联大会期间，国际图联各工作组、国际图联国家图书馆常委会和国家图书馆馆长会议全体大会均收到了数据分析结果。

工作组建议在国际图联网站上建立专门的网页用于发表案例研究成果，同时发布指南，在各机构开展数字化整合项目时提供指导思想、解决方案和最佳案例列表，供决策人员参考。

在阿娜依·贝丝和美国国会图书馆的珍妮·德雷维斯（Jeanne Drewes）的协助下，克里斯蒂安·詹森和伊莎贝尔·尼芬奈杰撰写了指南草案，并于 2019 年 3 月 6 日由工作组批准通过。

本指南的目标受众为所有希望或计划开展数字化整合项目的机构，尤其是图书馆、档案馆或其他遗产保护机构。指南不要求相关机构具备此类项目的特殊经验、技术水平或相关资源，只是为有意参与数字化整合工作的机构提供有效指导和任务清单。

本指南根据项目周期的不同阶段分为三部分内容：项目界定、项目管理和项目完结。我们希望这份指南可以让所有希望参与数字化整合项目的同行从中获益。

2 项目界定

2.1 你为什么要做这个项目？项目的目的是什么？

案例研究中的一些项目以历史上曾属于某一部文献而目前却散落的资源作为整合对象；还有一些项目将不

> **指导原则**
> 我们建议，如果条件允许，你可以首先开展可行性研究，它将有助于你实施成本预测，及评估开展更大规模项目所需要的时间。

曾属于同一部文献，但属于同一种文化遗产、语言、宗教、文化，或来自拥有共同历史的同一地理区域的文献作为整合对象。并非所有项目都以长期保存保护受损或濒危文物为唯一目标，但这些项目的目标通常都包含这方面内容。

2.1.1 你的目标是什么？

主要目标是以数字化形式收集和揭示多个机构的文献资源，但调查结果表明，处理以下几种类型的文献时目标将有所不同：

（1）曾经属于一个整体的文献

这些项目所涉及的文献在历史上的某个阶段曾经是一个整体，由于政治、商业或其他原因散落到各处。拥有其中部分文献的多家机构合作以数字化方式将它们重新整合。参考附录中案例研究 1、2、3。

（2）出自同一地方、国家或地区的文献

这些项目旨在将出自同一地方、国家或地区，由于政治、商业或其他原因散落到各处的文献进行数字化整合。拥有其中部分文献的多家机构合作开展数字化整合项目。参考附录中案例研究4、5、6、17。

（3）由同一语言、宗教或文化群体撰写的文献

这些项目旨在将由同一民族、语言、宗教或文化群体的文献进行数字化整合。尽管这些文献在历史上或许从未被整合在一起过。通过整合，这些文献将构成重要的文献遗产，有助于教育后代了解其历史。参考附录中案例研究4、5、6、7、8、9、10、11、12、13、14。

（4）有关多个国家共同历史的文献

这些项目旨在将属于多个国家共同的历史（殖民史、战争、盟约、商业路线等），但历史上或许未整合过的文献进行数字化整合。此类项目的数字化文献不仅提供访问，还作了背景性介绍，以鼓励相关各国对这段历史的研究和共同理解。参考附录中案例研究15、16、17、18。

这些项目还可实现其他目标，例如确保因为疏于管理、冲突或自然灾害而导致损毁或濒危的文献得到长期保存和保护。参考附录中案例研究15、16、17、18。

此外，还可以增加特定人群或对某种文化感兴趣的读者，以及特定的文化群体和研究人员访问和参与的机会。参考附录中案例研究15、16、17、18。

2.1.2 项目要涵盖的文献与学术范围是什么？

各案例研究涉及的文献数量在1000册到10万册之间，中间值为4400册。案例涉及的文献内容从412页

指导原则
制定具体目标是根本要求，这将使项目内容明确，从而保证项目可以提供文献的长期获取。

到 800 万页不等，中间值为 40 万页。

项目目标与它的地理范围或主题范围密不可分，也与项目负责人追求详尽无遗的意愿密切相关。这些项目涵盖所有类型的文献，但大多数仍为手稿和印本书籍。舆图、照片、剪报和图画（印刷品和绘画）位列其后。音频和视频文献遗产数量最少，且仅出现于近期开展的项目中，例如法国国家图书馆的"共同遗产"馆藏项目（参见案例研究 15 和 17）。

（1）如果项目不以"求全"为目标，那么筛选标准是什么？

（2）项目涵盖哪些地理区域和时间范围？

（3）涵盖哪些出版地？

（4）涵盖哪些出版年代或限制哪些出版年代？

（5）使用了哪几种语言出版？

（6）是否涵盖所有文献类型，包括音频、音视频或网络存档？

2.2　你与谁合作？

案例研究中涉及的合作方数量从一个到 1200 个不等，但中位数仅为 6 个。大多数项目的合作方不超过 5 个。合作方的数量与项目的地理区域或主题范围密不可分，项目负责人

指导原则

签订合作协议有利于理顺沟通渠道，但各机构协议构架并不相同。合作协议可解决以下问题：

项目管理与组织：

团队、管理、期限、目标和责任、规划、预算、资金、沟通、新的合作方。

法律问题：

法定合作方；所有权和隐私条款，适用法律及管辖范围，协议期限，标识的使用，协议的终止，财务责任和（或）法律义务，保密协议，不可抗力。

文献和技术管理：

技术规范（编目、数字化、长期数字化保存、数据和文件交换以及质量控制标准），网站维护。

是否追求详尽也是关键因素。

（1）相关文献现存于哪些结构？

（2）是否需要建立正式的项目外部相关方团队？

（3）项目机构的各方是否利益均等或能够和谐共处？

（4）除参与项目的机构外，是否存在同样看重该项目所涉及的文献的其他机构？他们的参与是否会带来益处？将他们排除在外是否会产生风险？

（5）当项目与某一机构或组织开展合作时，其他未能参与该项目的潜在合作机构是否会认为项目方有所偏袒？

（6）你是否与所有潜在合作方建立了联系？如果没有，会造成问题吗？

（7）所有潜在合作机构是否明确了解项目收益？收益分配是否能达成共识？

（8）每个合作方的职责是什么？由谁来牵头？

（9）所有合作方的专业技术水平是否一致，资源是否相匹配？

（10）是否应该为某些合作方提供资金、技术或专业支持？

指导原则

专家的支持很有必要，因此我们建议项目负责人获得至少一位专家或学者的支持；如果项目较为复杂，应请项目内部或外部**专家团队**提供咨询服务。必要时应建立**专家咨询委员会**，或争取其他对文献感兴趣的团体的学术建议或支持，尤其如果项目牵涉到复杂的历史环境。

最后，我们建议制定**文献章程**，内容包括：

项目目标

（1）受众；
（2）所涉馆藏；
（3）筛选标准；
（4）时间和地理区域范围；
（5）语言；
（6）文献类型；
（7）学术咨询委员会的职责；
（8）编辑人员的解读权限。

2.3 需要哪些资源？

经案例研究发现，整合项目采用了几种不同的经济模型，并明确了四种潜在资源：合作方的自有资源；国家财政拨款；国际公共基金，包含援助款以及发展和研究基金等；捐款。

需要的人力资源：

（1）现有员工是否参与了项目？如果是，他们如何保证完成日常工作？

（2）是否招募了临时工作人员？有没有配套培训资金？

（3）各参与机构以不同的方式安排人员是否有利于项目的开展？

指导原则

人力资源是一项重要的项目预算，必须在筹资计划中对其进行计算和评估。

具体内容包括：

（1）法律服务：合约、备忘录、权利条款；

（2）人力资源：招募；

（3）馆藏管理：检索和替换文献；

（4）培训新招募人员；

（5）元数据服务和编目；

（6）建立数字化工作室；

（7）保存与保护；

（8）空间规划——办公桌、笔记本电脑等；

（9）沟通与营销；

（10）创建社交媒体内容；

（11）为研究型用户提供服务；

（12）为更广泛的受众提供服务；

（13）网页前端和后端设计；

（14）技术支持。

需要的财务资源：

（1）各合作方是否独立核算？

（2）是否由一个合作方代表所有或部分机构管理预算？

（3）拨款数额是否取决于各合作方的交付情况？

（4）现有资源是否够用？是否还需要外部资源？

指导原则

我们建议尽量保持项目内部资金和外部资金的平衡，保持各合作方之间的平衡，尽管各机构可能会以不同的方式来计算（例如，直接或间接费用的估值，实物或现金）。预算的主要框架可以囊括以下内容。

修复、保存与保护：外包服务或内部成本（人员、设备、场地）。

元数据：外包服务或内部成本（人员、设备、场地）。

数字化：外包服务或内部成本（人员、设备、场地）。

传播：外包服务或内部成本（人员、网站创建、网络设备托管、维护）。

揭示：内容创作（通过外包给相关学术人员或由学术人员与业界研究人员在内部进行），翻译，编辑（外包或内部），版权审查。

外联：交流、出版、举办活动、诉讼。

补助金：为合作图书馆或相关专业人员、研究人员或学生提供的补助金（如果有的话）。

2.4 项目的时间表是什么?

通过案例研究可发现，在 18 个案例中，9 个可视为已完成，另外 9 个仍在进行。历时最长的项目已完成，总共花费六年半（案例研究 5）；最短的项目持续了一年（案例研究 2）。

这 18 个案例的项目时长中位数为 5 年。就目前已完成的 7 个项目来看，我们发现至少从合作方和文献数量

指导原则

从文献体量、合作方数量以及对外宣传工作量等角度考量，最好考虑制定分期计划，由简入繁实施项目。若将项目进行分期，可以分阶段配套资金，并分阶段进行方法测试。

对项目进行分期时，可以考虑按照此类项目中常见的 5 个步骤来制定阶段性计划（见 3 管理项目）。

（1）保存 / 保护；

（2）文献描述和元数据；

（3）数字化；

（4）传播；

（5）宣传与推广。

的角度考虑，项目时长与其复杂性并不相关。

（1）是否要遵守内部或外部规定的时间限制？

（2）所有合作方在编目和数字化工作上是否处于同一阶段？

（3）是否需要对项目进行分期？

（4）项目是否有固定期限，还是一直持续下去？

在本研究阶段的最后，你要具备：

（1）文献列表、专家团队、咨询委员会（可能具备）

（2）合作协议

（3）预算

（4）时间表

3　项目管理

下文介绍了五步管理方法。一些项目涵盖了所有 5 个步骤，另一些项目重点落实了核心的几个步骤，例如描述、数字化和传播。

3.1　保存与保护

3.1.1　当前状况

（1）是否有些文献状况不佳，不适合进行数字化？

（2）在开展数字化之前，需要做多少工作来保护和修复文献？

（3）所有合作方是否拥有相关设备，能够开展数字化之前的保护和修复工作？

（4）保护和修复方法的差别是否会影响数字化质量？

3.2 编目与元数据

3.2.1 当前状况

（1）这些文献是否根据项目目标得到充分描述？

（2）元数据的来源有哪些？

（3）元数据标准中的条款是否通用？

（4）技术元数据和标准是否具有通用性？

（5）你是否需要多语种元数据，或开展多语种编目？

3.3 数字化

3.3.1 当前状况

（1）你是否需要开展新的数字化工作？或者现有平台上已经存在数字化图片？

（2）旧图片的质量是否

指导原则

无法数字化的受损文献应当得到妥善修复。不同地区的修复水平有所差异，要准备好接受方法上的差异。

应考虑是否要将数字化过程中损坏的文件纳入进来，应评估数字化是否是保护和使用这些文献的唯一方式。保存和保护工作是否有助于将实体文献在数字化过程中的损坏降至最低？可通过技术交流的机会考虑完善自己的方法。

指导原则

项目的有效性取决于元数据的质量。因此，投资开发元数据应是首要工作。请参考国际标准（参见"有效资源"）。

应明确给出元数据的来源，以便未来进行引用及学术使用。

实现通用性是确保项目成效的必要前提。可以通过技术交流，不断反思自己的方法。推动项目顺利进行。

最好提供多语种元数据。

指导原则

理想状态是各合作方都使用相同的元数据标准，项目的最低要求应为至少达到不同来源元数据标准的互通性。可以通过技术交流完善自己的方法。如各不同来源的元数据标准均相差较远，则应考虑是否会对整个项目的声誉造成不良影响。

达到可与新图片一起使用的标准？

（3）各合作方的图片数字化技术标准是否接近？

3.4　传播

3.4.1　传播途径

（1）专门的数字图书馆（案例研究3）

（2）一个可以显示各合作方数字化馆藏链接或网站链接的网页（案例研究17）

（3）在现有网站上创建网页（案例研究2）

（4）在现有网站上通过搜索引擎对保存相关数据的网站进行访问（案例研究5）

> **指导原则**
>
> 技术上应遵从由复杂到简单的顺序进行工作，即按从所有合作方集体采用统一的方法解决问题再到各方保有相应限度的自主权来解决问题的顺序。
>
> 成立数字图书馆或专门的网站有助于各方更好地了解馆藏之间的联系以及项目合作水平；探索更好的编辑方法；为项目提供成长空间。
>
> 同时，还要采用长期可持续保存保护模式。如果该模式得不保证，最好采用简单方法实施项目。

3.4.2　原始文献存在的版权等法律问题

（1）原始文献的法律状态如何？是否在所有参与国或机构均不享有版权？是否在其他可能涉及的司法管辖区域享有版权？其他相关的权利问题有哪些？

> **指导原则**
>
> 鼓励免费提供文献的重复使用，并注明出处。然而，制定适合所有合作机构的重复使用政策非常困难。各方可以共同协商，例如可允许免费和公开获取公有领域文献，仅限于非商业目的，标明文献出处；而文献的商业性再利用则属于参与机构各自的管辖范围。

（2）各参与国关于这些文献的规定是否相同？如不同，如何应对差异？

（3）相关数字化文献的法律状态如何？相关数字化文献在

所有参与国或机构的情况是否一致？

（4）文献是否涉及本土权利等问题？

（5）提供数字化版本或开展数字化的过程中是否存在伦理或宗教问题？

3.4.3 元数据的权利问题

（1）数据保护是否存在相关问题？

（2）项目文献所涉元数据的法律状态如何？

（3）项目期间创建的元数据法律状态如何？

（4）包含哪些元数据重复使用权利？

> **指导原则**
>
> 如条件允许，首选开放关联数据（OLD）。如需考虑，应采用国际规范文档和主题标引确定的常用标识符。
>
> 可免费提供元数据的重复使用，并注明出处。最低标准是提供免费使用，用于非商业目的。可制定标准化的权利声明（参考 rightsstatements.org）。
>
> 可创建多语种数据，但需要投入大量人力资源。

①提供给开放关联数据（OLD）或其他网络协议；

②提交至在线目录，用于咨询；

③提供免费的重复使用；

④提供免费的重复使用，用于非商业目的；

⑤提供免费的重复使用，用于商业目的；

⑥提供付费的重复使用，用于非商业目的；

⑦提供付费的重复使用，用于商业目的。

（5）元数据是否有多种语言版本？

3.4.4 数字化文献存在的权利问题

（1）数字化文献的权利方有哪些？

（2）项目期间创建的数字化文献法律状态如何？

（3）数字化文献有哪些重复使用权利？

①提供免费的重复使用，用于非商业目的；

②提供免费的重复使用，用于商业目的；

③提供付费的重复使用，用于商业目的；

④提供付费的重复使用，用于非商业目的。

3.4.5　关于整合数字化文献的建议

（1）采集并整合到一个数字存储库；

（2）采集但不集中到一个数字存储库；

（3）采集元数据并链接到不同的数字存储库；

（4）永久链接到专门的数字图书馆；

（5）根据不同合作方的要求采用混合模式。

> **指导原则**
>
> 采集并整合到一个数字存储库有助于实现高水平的质量控制。
>
> 采集元数据后，链接到不同的数字存储库有助于实现元数据标准和技术标准的多样化。
>
> 采集元数据后，链接到不同的数字存储库或永久链接到专门的数字存储库可以确保所有合作方一目了然项目内容。
>
> 混合模式有助于吸引更多合作方参与。

3.4.6　项目期间创建的内容存在的权利问题

（1）项目期间创建的内容——包括编目记录以及网站或出版物文本——由谁所有？

（2）各机构的安排是否相同？

3.5　宣传与推广

可以从多个层面进行内容策划：

（1）展示项目与利益相关方；

> **指导原则**
>
> 这里并未列出所有相关内容，或许无法充分反映所有相关文化的敏感问题。本文件中的指导原则不一定适用于所有情形。请依据个人或他人的专业知识给出专业判断。

（2）按照文献所涵盖的主要主题来组织宣传材料；

（3）按照其中一组文献或一部文献的细分主题来组织宣传材料。

不同层面的文献内容可采用的不同管理模式：

（1）来自一个或多个合作方的内部专家；

（2）请学术机构和专业人员提供帮助；

（3）混合模式（案例研究 17）。

参与项目的机构越多，就越要注意遵守版权法相关规定。

可以考虑翻译的范围与层次：

（1）可选择双语或多语言；

（2）可进行全部或部分翻译。

除了数字资源本身，还有多种宣传和推广途径：

（1）学术会议；

（2）纸质或电子学术出版物；

（3）线下或线上展览；

（4）为学校和所有年龄段学习者编制的宣传内容；

（5）为教师编制的宣传材料；

（6）通过线下或线上形式鼓励对某类型文献特别感兴趣的群体的参与；

（7）在本国或其他国家；

（8）使用母语或其他语言；

（9）针对不同参与国的受众调整宣传内容；

（10）制定社交媒体宣传计划；

（11）围绕文献内容开展活动；

（12）为更广泛的受众分发印刷材料；

（13）基于文献内容开发文创产品。

权利是否明确？从伦理道德与文化背景的角度，文献的使用方法是否可以接受？

4　项目完结

建议在项目各阶段的末尾总结经验和教训，将进展顺利或出现阻碍的地方记录下来，方便以后在更大规模的项目中借鉴。

4.1　撰写报告

指导原则

建议在项目结束时撰写总结报告，将合作方的所有反馈写进来。

可以包括以下内容：

①实现合作目标：定量和定性的目标，时间表，阶段成果

②随着项目推进，实现的其他目标

③完成的预算，与最初预算作对比

④对所有团体和每个相关方产生的影响

⑤推动和阻碍因素（技术、管理、组织、合作方关系）

⑥可持续性

4.2　管理产出资源

指导原则

在初始阶段拟定合作协议时，必须明确创建后的数字化资源责任管理方，他们也对未来数字化资源的技术更新或变化负责

4.3 安排人员

5 附录

5.1 案例研究介绍

将曾属于同一文献集或同一馆藏的文献进行数字化整合

下列项目所涉及的文献曾经属于同一文献集或者同一馆藏，由于政治、商业或其他原因散落到各处。拥有其中部分文献的多家机构合作以数字化方式将它们重新整合。

5.1.1 案例研究 1：西奈山抄本

西奈山抄本。该项目由英国国家图书馆发起，于 2005 年到 2011 年开展，对象为单一文献。西奈山抄本是最早的圣经手稿之一，由于复杂的历史原因，这些手稿现存藏于四家图书馆。这些图书馆签署了合作协议，共同对该文献所有页面和残片开展保护、拍摄、转录和出版工作。数字化成果已上传到网站。

5.1.2 案例研究 2：詹姆斯·乔伊斯手稿

苏黎世詹姆斯·乔伊斯基金会项目（ZJJF project），"汉斯·E.扬克遗赠文献"之詹姆斯·乔伊斯手稿。该项目由爱尔兰国家图书馆和苏黎世詹姆斯·乔伊斯基金会共同发起，旨在将遗赠给苏黎世詹姆斯·乔伊斯基金会的汉斯·E.扬克私人收藏的手稿在爱尔兰国家图书馆的馆藏目录中发布，以扩展该馆有关詹姆斯·乔伊斯档案的馆藏。项目从 2013 年 1 月开始，至 2014 年 1 月结束。

5.1.3　案例研究 3：欧洲数字图书馆雷吉亚项目

欧洲数字图书馆雷吉亚项目（Europeana Regia）[①]。该项目于 2010 到 2012 年在欧盟委员会的支持下，在其欧洲项目的框架内开展。五家欧洲图书馆共同合作，对三大皇家藏书（包括加洛林藏书、查尔斯五世及家族藏书和那不勒斯阿拉贡国王藏书）中的中世纪和文艺复兴时期手稿进行数字化整合，这些手稿如今主要藏于法国、意大利、西班牙和英国。

将出自同一个民族、语言、宗教或文化社群，或同一地方、国家或地区的文献进行数字化整合

这些项目旨在将出自同一个民族、语言、宗教或文化社群，但历史上或许未得到整合的文献进行数字化整合。整合后，这些文献将构成重要的文化遗产，便于后代了解这段历史。

5.1.4　案例研究 4：韩文善本数字化

韩文海外善本数字化项目。该项目于 2006 年启动，主要包括对流失海外的韩文善本进行鉴定、收藏和数字化，从而为韩

---

① 　Europeana Regia 由欧洲联盟委员会在信息与通信技术政策支持方案（ICT PSP）下资助，该方案旨在通过公民、政府、企业更广泛地吸收和最佳利用信息与通信技术来刺激创新和竞争力。该项目的主要目标是以虚拟图书馆的形式重建从中世纪到文艺复兴时期最重要的欧洲皇家文献，这些稿抄本文献是欧洲文化遗产特藏的一部分，可在各合作图书馆的网站上查阅，也可在该项目网站以及欧洲数字图书馆 Europeana 网站上查阅。——译者注

国研究建立研究基础，为后代保护和传承韩国文化遗产。

5.1.5　案例研究 5：美国国会图书馆的日文善本数字化

美国国会图书馆亚洲部收藏的日文珍稀善本数字化项目。该项目于 2010 到 2017 年间开展。日本国立国会图书馆与美国国会图书馆合作，将美国国会图书馆亚洲部所藏日文善本数字化并上传。

5.1.6　案例研究 6：戈登·W.普兰格藏品

戈登·W.普兰格藏书整理项目。该项目于 2005 年启动，目前仍在进行中，由日本国立国会图书馆与美国马里兰大学合作开展。马里兰大学拥有 1945—1949 年同盟军占领日本期间出版的最完整的日文文献资料。

5.1.7　案例研究 7：格拉哥里文本

格拉哥里文本项目。这是一个国家项目，由克罗地亚萨格勒布国家和大学图书馆（National and University Library in Zagreb）共同发起，旨在将散落在欧洲东南部各国的以格拉哥里字母书写的手稿和图书进行数字化整合和保护，并提供大众阅览。

5.1.8　案例研究 8：中文善本数字化图像数据库

数字化图像数据库。该项目于 2001 年由中国台湾汉学研究中心发起，旨在将世界各地的中文善本进行数字化并整合至统一的数据库。

5.1.9　案例研究 9：希伯来文手稿数字化项目

希伯来文手稿数字化项目。该项目于 2013 年由英国国家图书馆发起，主要目标是将英国国家图书馆馆藏中的希伯来文手稿数字化并上传。项目成果已汇总到"希伯来文数字化手稿全球馆藏"（KTIV）项目（参见案例研究 10）。

5.1.10　案例研究 10：希伯来文数字化手稿全球馆藏

希伯来文数字化手稿全球馆藏（KTIV）。该项目是以色列前总理戴维·本－古里安于 1950 年启动的项目的第二阶段，旨在鉴定散布于世界各地的希伯来文手稿，并制成缩微胶片。该项目将所有类型的希伯来文手稿数字化，并在专门建立的网站上发布。

5.1.11　案例研究 11：芬诺－乌格里奇——乌拉尔语系文献数字化

芬诺－乌戈里奇（Fenno-Ugrica）乌拉尔语族文献数字化。该项目由芬兰国家图书馆于 2012 到 2017 年间开展，旨在将乌拉尔语族（由俄罗斯联邦的几种少数民族语言组成）文献数字化。

5.1.12　案例研究 12：波兰犹太旧报纸项目

波兰犹太旧报纸项目。该项目于 2014 年启动，旨在将波兰国家图书馆馆藏的波兰犹太报纸的缩微胶片进行数字化，并在以色列国家图书馆为该项目建立的专门网站上发布。

5.1.13　案例研究 13：郁金香项目

郁金香（Tulipana）项目。该项目由全球遗产与发展中心发起，于 2014 到 2017 年间开展，旨在保护巴西的荷兰移民和侨民的文化遗产，并提供数字化访问。

5.1.14　案例研究 14：加拿大原住民文献遗产计划

加拿大图书和档案馆原住民文献遗产计划。2017 年，加拿大政府向加拿大图书和档案馆拨款，用于本馆原住民文献遗产数字化，并支持原住民社群将其语言的录音进行数字化。

5.1.15 案例研究 19：国际敦煌项目

国际敦煌项目（IDP）。国际敦煌项目（IDP）是国际合作项目，旨在将敦煌和东方丝绸之路遗址的所有手稿、绘画、纺织品和艺术品相关信息和图片数字化，并上传至互联网提供免费访问服务，鼓励相关的教育和研究项目使用。

将多个国家共同的历史文献进行数字化揭示并推广

这些项目旨在将属于多个国家共同的历史，但历史上或许未得到整合的文献进行数字化整理。最终的数字化文献不仅提供开放获取，还对文献的背景进行了揭示，鼓励相关各国研究并了解共同的历史。

5.1.16 案例研究 15：法国—波兰数字图书馆

法国—波兰数字图书馆。2017 年，法国和波兰的国家图书馆共同成立了数字图书馆，用于收藏记录两国在文艺复兴和二战期间的共同历史的文献。该数字图书馆网站属于法国国家图书馆"共同遗产"项目，旨在展示法国与世界多个国家共同经历的历史。

5.1.17 案例研究 16：英国国家图书馆与卡塔尔基金会合作项目

英国国家图书馆与卡塔尔基金会合作项目。该项目由卡塔尔国家图书馆（QNL）与英国国家图书馆合作开展，重点将英国国家图书馆印度事务部的档案中涉及海湾地区历史的文献数字化。该网站除了提供数字化资源获取，还提供关于这一主题的大量元数据和背景文献。

5.1.18　案例研究 17：中东地区图书馆项目

中东地区图书馆项目。2015 年，法国国家图书馆联合中东地区 8 家遗产与研究图书馆发起了此项目。在多方努力下，中东地区图书馆数字图书馆现存藏了数千份数字化文献。数字图书馆网站于 2017 年开放，属于法国国家图书馆的"共同遗产"项目。

5.1.19　案例研究 18：法语地区数字图书馆

法语地区数字图书馆（BFN）。法语地区数字网络（RFN）于 2017 年成立了数字图书馆，通过提供稀有的文献遗产展示了世界各个使用法语的地区之间的文化交流。法语研究人员为该数字文献馆藏提供了具有地域区别的语料库并负责专题筛选。

5.2　数字化整合工作组成员

维多利亚·欧文（Victoria Owen），国际图联管理委员会成员

珍妮·德雷维斯（Jeanne Drewes），国际图联保存保护中心代表

尼厄泽·西于尔兹松（Njörður Sigurðsson），国际档案理事会（ICA）代表

莉莉·尼贝勒（Lily Knibbeler），国家图书馆馆长会议（CDNL）主席

特帕纳·泰伊乌鲁（Te Paea Taiuru），国际图联本土事务专业组主席

古伊·贝尔蒂奥姆（Guy Berthiaume），国际图联国家图书馆专业组主席（2017—2018）

海伦·文森特（Helen Vincent），国际图联善本特藏专业组主席

克里斯蒂安·詹森（Kristian Jansen），专家成员，英国国家图书馆

玄慧媛（Heawon Hyun），专家成员，韩国国立中央图书馆（接任该馆李在善）

伊莎贝尔·尼芬奈杰（Isabelle Nyffenegger），专家成员，法国国家图书馆（2018—2019 担任本工作组主席）

奥伦·韦因伯格（Oren Weinberg），专家成员，以色列国家图书馆

马拉·德·格鲁特（Mara de Groot），专家成员，莱顿大学全球遗产和发展中心

爱伦·泰丝（Ellen Tise），专家成员，南非斯泰伦博斯大学

International
Federation of
Library
Associations and Institutions

图书馆捐赠管理指南

Gifts for the Collections: Guidelines for Libraries

初版（2008）编者：

国际图联采访与馆藏发展专业组：凯·安·卡塞尔（Kay Ann Cassell），莎伦·约翰逊（Sharon Johnson），朱迪思·曼斯菲尔德（Judith Mansfield），张沙丽（Sha Li Zhang）

新版编者：

国际图联采访与馆藏发展专业组：热罗姆·弗龙蒂（Jérôme Fronty），叶连娜·科尔古什金娜（Elena Kolgushkina），丹尼丝·库弗吉安纳基斯（Denise Koufogiannakis），弗兰齐斯卡·魏因（Franziska Wein），比彻·威金斯（Beacher Wiggins），林恩·威利（Lynn Wiley）

2019 年 3 月

由国际图联标准委员会（IFLA Committee on Standards）审核通过

翻译：王雁行、李晨光

审校：吴建中

目录

引言···109

   目的··109

   历史··109

   范围··110

   作者··110

1 捐赠政策声明···111

   1.1 哪些捐赠品可以被接收？哪些不可以？·······111

   1.2 捐赠品的所有权··112

   1.3 责任者··112

   1.4 记录保存··113

2 自发性捐赠：面向公众的指引·······························113

3 对自发性捐赠的处理···114

   3.1 不含捐赠者信息的自发性捐赠·······················115

   3.2 包含捐赠者信息的自发性捐赠·······················115

   3.3 已提出意向但尚未交存图书馆的自发性捐赠········117

4 征集捐赠的协商···117

   4.1 非正式协商···118

   4.2 正式协商··118

5 拟入藏捐赠的评估···119

   5.1 所有权··119

   5.2 包含敏感内容的资料·····································120

5.3 出处 ··120

5.4 捐赠理由 ··120

5.5 捐赠资料的适当性 ··121

5.6 特殊条件 ··123

6 有关资源需求的考虑 ··126

6.1 文献接收 ··126

6.2 加工 ··126

6.3 资源开放的准备 ··127

6.4 保护 ··127

6.5 库房与储存 ··127

7 捐赠致谢 ··128

7.1 感谢函 ··128

7.2 正式的捐赠协议 ··128

7.3 其他确认方法 ··130

附录 1 正式的捐赠协议文本示例 ·······················130

附录 2 电子文件 ··132

参考文献 ··135

引言

捐赠是图书馆馆藏建设中的重要组成部分。本指南专门针对图书馆主动或被动接收的捐赠品。图书馆应参照本馆受赠政策，制定明确的捐赠品处理和评估流程。这将有助于图书馆工作人员和捐赠者准确理解相关流程，减少风险和潜在责任，并确保这些入藏物品未来能得到充分利用。

目的

本指南旨在记录世界各地的图书馆在征集和接收捐赠品时的最佳实践。本指南力求最大限度地涵盖图书馆在征集和接收捐赠过程中可能出现的问题，但并不意味着能解决所有问题，各馆在作出相关决策时应考虑到本地的文化因素。

也许有人会问为什么要制定关于捐赠的书面指南。捐赠或许省去了采购费用，但对于接收捐赠的图书馆来说，并非没有成本。本指南正是针对这一问题而制定的。

历史

国际图联采访与馆藏发展常委会（IFLA's Standing Committee on Acquisition and Collection Development）成立于 1976 年，其前身为采访与交换专业组（Acquisition and Exchanges Section），在国际图联 1995 年伊斯坦布尔会议后变更为现在的名称。在国际图联 2003 年柏林会议期间的常委会会议上，与会人员认为应编制一份出版物，作为图书馆征集和接收捐赠的参考文件。随后常委会展开多次讨论，并在国际图联2007年德班会议期间成立了一个工作小组，专门负责编写指南。

范围

本指南旨在为全球各地的图书馆提供参考，并适用于不同类型的服务机构（如高校图书馆、公共图书馆）和各种载体形态的捐赠品。

本指南包含七个部分，每一部分对应征集和接收捐赠流程中的一个关键问题。第一、二部分分别向图书馆工作人员和公众作关于捐赠的基本说明。第三、四部分分别探讨如何处理自发性和征集型捐赠品。第五部分探讨评估捐赠品所需的信息类型，以及捐赠者可能附加的特殊条件。第六部分介绍与接收捐赠有关的资源问题。最后部分介绍了对于通过正式和非正式途径向捐赠者致谢的方法。

作者

本指南原作者为凯·安·卡塞尔（Kay Ann Cassell），莎伦·约翰逊（Sharon Johnson），朱迪思·曼斯菲尔德（Judith Mansfield）和张沙丽（Sha Li Zhang）。

2018至2019年，弗兰齐斯卡·魏因（Franziska Weina）博士和叶连娜·科尔古什金娜（Elena Kolgushkina），以及采访与馆藏发展管理团队的热罗姆·弗龙蒂（Jérôme Fronty），何莉莉（Lilly Ho），比彻·威金斯（Beacher Wiggins）和林恩·威利（Lynn Wiley）对本指南进行了修订和扩展。

1 捐赠政策声明

1.1 哪些捐赠品可以被接收？哪些不可以？

图书馆应根据本馆的馆藏发展政策制定有关指南，规定哪些捐赠品可以归入馆藏，哪些不能。

图书馆应表明其欢迎接收善意的捐赠申请，并愿意将符合采购馆藏筛选标准的捐赠品归入馆藏。图书馆应告知潜在捐赠者，由于空间限制，能够接收的捐赠范围有限。例如，图书馆可以明确指出，物理状态较差、信息过时或长期连载的通俗期刊将不予接收。

一些物品或资料更适合博物馆收藏，例如绘画、雕塑（或其他三维艺术作品）、家具或陈设、服装、奖章、钱币、邮票、徽章、装饰品、个人物品以及其他一般不属于图书馆馆藏范围的物品或资料。通常来说，图书馆不会征集或接收此类物品，即使此类物品是随属于或与之相关的特定个人或机构的捐赠或遗赠一起提供的。

在特殊情况下，图书馆也可以接收不属于图书馆馆藏范围的捐赠品。为保障图书馆的未来发展，应准备一份书面说明，阐明令人信服的理由并制定保管计划。此类说明应由图书馆馆长或其他负责人书面批准。

图书馆也许想接收自发性捐赠，但此类捐赠品的捐赠者不应附加条件，这样图书馆可以决定是否真正需要该捐赠品。很多捐赠品可能馆藏已拥有、内容过时或超出馆藏范围。不予入藏的捐赠品可以转赠给其他图书馆，或在图书馆的售书活动中出售。那些可以作为自发性捐赠接收的，或伴随图书馆入藏的非图书馆资料，将被转移到有关存储库，或归还至源头，或以图书馆常规处理方式予以处置。

如果处理捐赠文献的工作过于繁重，图书馆可以拒绝接收。在这种情况下，图书馆可向捐赠者引荐另一家合适的图书馆。

1.2　捐赠品的所有权

图书馆应声明，捐赠品一旦入藏图书馆，便属于图书馆财产，图书馆有权进行合理处置。

1.3　责任者

图书馆应指定不同的工作人员，在获取捐赠的各个阶段代表图书馆。具体包括：

（1）征集捐赠的责任者

图书馆应确定有权为扩充馆藏而征集捐赠的人选。这项工作一般由馆长、馆藏发展负责人或学科编目人员担任。

（2）接收捐赠的责任者

接收捐赠或建议捐赠者寻找其他合适的接收机构的工作应由馆长或由经专业人员推荐的指定人选负责。

（3）致谢的责任者

表达感谢的方式取决于捐赠的规模和价值。对于小型捐赠，图书馆可以发送由馆长或指定人员签字的感谢函。大型捐赠或由图书馆馆长、机构（例如大学）官员，或由董事会主席表达感谢，具体取决于机构隶属关系。

（4）签署捐赠协议的责任者

捐赠协议应当由图书馆馆长、机构（例如大学）官员或董事会成员签署。图书馆应准备一份标准的捐赠协议。如捐赠者提出其他要求，图书馆在签署协议前应交由其法律顾问进行审核。

（5）评估价值的责任者

评估价值的责任者因国家而异。例如，美国国家税务局将图书馆视为利益关联方，因此出于税务考虑，图书馆不得进行价值评估。美国法律规定，超过 5000 美元的捐赠必须由"具备资质的鉴定机构"进行评估，从而申请减免税款。图书馆可以向捐赠者提供鉴定机构推荐名单。

（6）报税责任者

报税工作由鉴定机构负责。图书馆仅确认接收捐赠。

1.4　记录保存

建议图书馆永久保存捐赠相关记录，包括但不限于信函、电子邮件、交存表格以及正式的捐赠协议。

2　自发性捐赠：面向公众的指引

如果图书馆政策鼓励接收公众捐赠，图书馆应就如何向图书馆捐赠文献对潜在捐赠者提供建议。相关指引可发布至图书馆网站或印在馆藏宣传册中。

指引内容示例：

● ［××］图书馆欢迎并鼓励捐赠，以支持本机构的有关项目。事实上，图书馆的持续发展在很大程度上依赖于捐赠者的帮助——图书馆很多最珍贵资源和特藏都源自这种方式。图书馆诚恳建议捐赠者在捐赠时提供捐赠品清单。

● ［××］图书馆接收能够反映社区当前利益和需求的捐赠，同时在格式、主题范围、深度和理念方面补充现有馆藏、项目以及目标，从而实现信息、观点和格式的平衡。图书馆认为这些捐赠有助于增强社会凝聚力。

● ［国家］图书馆欢迎各方咨询捐赠事宜，但无法接收所有捐赠。我们诚恳建议捐赠者不要直接捐赠物品，而应事先提出捐赠意向，表明要捐赠的物品。捐赠本国出版图书的人士应知晓，［国家］图书馆通过呈缴制度获取本国的大多数出版物。如有意向［国家］图书馆捐赠图书资料，请联系：［联系方式］。

3 对自发性捐赠的处理

图书馆应公开声明（见第 2 节）有关自发性捐赠的政策或偏好，例如，美国国会图书馆在其网站上声明："有意捐赠者不要直接捐赠物品，而应事先提出捐赠意向，表明要捐赠的物品。"另外，图书馆还应针对通过非图书馆首选或非公开征集的方式获得的自发性捐赠制定处理流程。

3.1 不含捐赠者信息的自发性捐赠

图书馆不鼓励不含捐赠者信息的自发性捐赠。对于此类已交存物品，图书馆应明确规定处理方式，包括作出以下声明：

（1）捐赠品一经交存，则其完整、免费且无限制的所有权将转让于图书馆。

（2）图书馆对捐赠品的丢失或损毁不承担任何责任。

（3）图书馆有权自行决定是否接收捐赠品，尤其对于那些与现有馆藏重复、不属于图书馆馆藏发展政策的范围、状态较差或有违图书馆采购准则的捐赠品。

（4）处置不需要的捐赠品的方法，例如：在图书馆售书活动上出售；进行回收处理；捐赠给其他收藏该资料的图书馆；或者捐赠给当地机构或国家组织。

（5）对于接收并入藏捐赠品的保存政策，例如：即使这些物品已入藏，未来仍有可能进行处置，图书馆不保证提供永久保存。

（6）编目政策。

（7）访问政策。

3.2 包含捐赠者信息的自发性捐赠

如果向图书馆捐赠的物品包含捐赠者信息，最好的办法是将处理捐赠品的过程进行记录。图书馆一般不鼓励即使是包含捐赠者信息的自发性捐赠。在这种情况下，图书馆只需公开声明处理方式（同第 3.1 节）。

另外，图书馆可以将确认接收、但尚未决定是否入藏的捐赠过程记录下来，尤其是针对那些被认为有收藏价值的捐赠品。这种做法有助于图书馆在作出是否接收该捐赠品的决定之前降低风险，同时就已交存捐赠品的去留给予捐赠者一个明确的说法。

该流程的一种处理方法是填写交存表，并让捐赠者和图书馆各持一份。交存表格中应当包含交存于图书馆条款和条件的具体细节，包括作出以下声明：

（1）对捐赠品在图书馆的保管下产生任何丢失或损毁均不承担责任。

（2）阐明图书馆在私人财产的处置中不具有估价与估值权。

（3）馆藏政策中对可交存物品作出明确限定。

（4）对于接收并入藏的捐赠品的所有权转让流程。

（5）对于不接收入藏的物品的处置或归还流程，包括所有者应在指定时间内收回交存的物品。

前期需要收集的信息包括：

（1）交存原因。

（2）所有者姓名、地址和联系信息。

（3）交存者姓名、地址和联系信息（如果与上述人员不同）。

（4）拟交存捐赠品的详细信息。

（5）拟交存捐赠品的具体状态。

（6）签署声明，确认捐赠者：

①是交存财产的所有者，或有权交存该物品。

②有权接受图书馆与交存有关的条款。

③同意财产交存时的状态与前述一致。

一旦捐赠者提供所有必要信息并接受交存条款，图书馆有关负责人应签署交存表，并由双方各持一份。

如果捐赠文献属于图书馆馆藏发展政策范围，并且图书馆有意愿接收捐赠，则需在此阶段收集更多信息，为最终决策提供依据。

关于这一过程的细节见第 5 节。

图书馆一旦作出是否接收捐赠的决定，须将其记录在临时的交存表中，并将决定告知捐赠者。

3.3　已提出意向但尚未交存图书馆的自发性捐赠

图书馆可以建议捐赠者不要直接捐赠物品，而应事先提出捐赠意向，表明要捐赠的物品。此类政策能够确保图书馆只收到其希望接收并入藏的物品。此外还有助于：

（1）降低对自发性捐赠文献进行拆包或处理的成本，以及随后还要对不需要的文献进行后续处置的成本，特别是在涉及大规模捐赠的情况下。

（2）降低图书馆馆藏受到污染（例如虫害、霉菌）的风险。

（3）避免图书馆对物品丢失或损毁所应承担的责任；只有捐赠品被接收，且所有权转让流程结束后，捐赠品才正式属于图书馆。

（4）确认负责捐赠事宜的唯一指定联系人，同时确保捐赠品由合适的馆藏管理人员根据既有标准进行处理和评估。

4　征集捐赠的协商

只有图书馆相关负责人可以代表图书馆参与正式或非正式

的捐赠协商。见第 1.3 节。

4.1　非正式协商

非正式协商须遵循以下准则：

（1）图书馆相关负责人可以表明图书馆接收特定捐赠品的意愿，并与有意捐赠者探讨相关的条款。如果协商需要立即采取行动，图书馆相关负责人可以表明图书馆愿采取一切合理步骤确保该捐赠品的接收工作，同时也应向捐赠者说明，最终决定由图书馆馆长或指定人员作出，初步讨论不代表图书馆已做出接收承诺。

（2）如果图书馆馆长或指定人员认定该捐赠品为图书馆馆藏所需，经授权的责任人可以就该文献的具体捐赠事宜进行协商。

4.2　正式协商

正式协商须遵循以下准则：

（1）如果经第 4.1 节所述的协商，双方确定了捐赠事宜，相关负责人应第一时间告知图书馆馆长或指定人员。

（2）如果双方协商确定一系列"接收条款"，或者由此产生的其他法律问题，应在最终接收之前由图书馆馆长或指定人员以及图书馆法律顾问予以确认。

如果捐赠者请求对捐赠品进行价值评估，见第 1.3 节"责任者"。

5 拟入藏捐赠的评估

将捐赠品（征集型或自发性捐赠）归入图书馆馆藏可能会产生较高的成本，图书馆须认真考虑接收入藏捐赠品的生命周期成本（见第 6 节），并考虑捐赠者可能附加的所有条件，例如限制访问、限定资料复制的条件或限制资料的使用方式等。制定完善的捐赠政策有助于图书馆对捐赠品进行评估。

以下内容简要概括了在制定关于是否接收捐赠的决策过程中应收集的信息类型。

根据捐赠政策，图书馆可以从范围、格式、主题、知识层次、物理状态、与现有馆藏的重叠等方面迅速作出不接收某些捐赠的决定。

5.1 所有权

必须明确捐赠品的实物和知识产权归谁所有，捐赠者是否为合法的所有者，或者是否能代表捐赠品的创作者或所有者提出捐赠。如果是后一种情况，图书馆可以要求捐赠者证明自己有权捐赠该物品。为此，图书馆应要求捐赠者提供以下信息：

（1）所有者的法定全称、地址和联系方式。

（2）交存者的法定全称、地址和联系方式（如与上述信息不同），及其与捐赠品所有者 / 创作者的具体关系。

（3）表明自己是捐赠文献的合法所有者或经合法所有者正式授权的代理人，并有权提供该捐赠品的声明。

5.2　包含敏感内容的资料

在某些情况下，捐赠品可能包含敏感内容，例如个人信息、法律信息或政府管控的信息。如果捐赠者希望限制对捐赠资料的全部或部分访问，图书馆应在接收之前要求捐赠者指出限制内容，并要求其尽可能缩短限制时间。

5.3　出处

对于某些类型的资料，尤其是文物，可能需要提供有关其出处的信息或证明。在处理捐赠申请时，图书馆应作尽职调查，并恪守职业道德。具体包括：

（1）唯一性资料，例如手稿、绘画或其他艺术作品

（2）印刷品

（3）高于特定价值的资料

（4）1900 年前出版的资料

（5）所有考古资料

对于来自国外的捐赠品，应要求出示证明其合法出口的书面文件。在处理过程中如需更多指引，可通过国际博物馆协会网站公布的 2006 年《博物馆职业道德准则》第 2.2、2.3 和 2.4 节中查找相关信息（http://icom.museum/ethics.html#intro）。

5.4　捐赠理由

图书馆应了解捐赠者的捐赠动机，以及是否在别处提出过资料捐赠。图书馆还应确认是否存在可能影响决策和捐赠品转移与交付的时间限制。

如果捐赠者愿意根据任何形式的"代税捐赠（遗产税）"或以非现金慈善捐赠的方式捐赠物品，图书馆应为有关责任人提供指导，根据图书馆在价值评估方面的立场以及任何适用的法律、法规和条例，向捐赠者提出合适的建议并采取相关行动。

5.5 捐赠资料的适当性

为了确定捐赠品是否适合入藏，并评估接收该捐赠品的潜在资源影响，图书馆应要求捐赠者提供有关该捐赠品的详细信息，同时需要对照图书馆捐赠政策审核这些信息（见第 1 节）。值得图书馆考虑的信息类型包括：

（1）捐赠品的规模：包括所捐赠的物品数量和（或）库存规格信息。对于单个物品，还包括具体尺寸。这些信息将有助于评估接收捐赠对储存和生命周期资源所产生的影响，以及评估所需资料进入现有馆藏后的潜在需求。图书馆还应评估在收到的捐赠品中不需要的与需要的资料的比例。

（2）书目数据：包括（如有）捐赠品的书目信息，例如标题、著者、ISBN、ISSN、出版年份、版本等。这些信息有助于图书馆将捐赠品与现有馆藏进行比对，以便不接收与馆藏重复的捐赠。（如果捐赠数量较大，图书馆可以要求捐赠者提供一份书目清单，从而与馆藏进行自动比对。）

（3）文献类型：包括捐赠品的资料类型的详细信息，例如手稿、印刷品、绘画、地图、早期印刷资料、专著、系列出版物、灰色文献、报告、报纸、音频、视听资料、目录等。图书馆可根据这些信息快速排除不属于图书馆馆藏发展政策范围的捐赠。文献类型也是判断文献潜在独特性和重要性的有效指标。

图书馆也可据此判断是否需要适用馆内的采访伦理和尽职调查政策。

（4）文献格式：包括捐赠品的格式方面的详细信息，例如印刷品、缩微胶片、电影胶片、数字图像、声音文件和 CD-ROM 等。图书馆可根据这些信息快速排除不考虑入藏的某些具体格式或者无法提供用户服务的格式。

（5）知识层次：包括捐赠品的知识层次的详细信息，例如研究型期刊、大学本科教材、青少年文学、教学资料、实用指南等。图书馆可根据这些信息快速排除基于某类知识层次不予入藏的捐赠品。

（6）时间范围：包括捐赠品的出版 / 原始日期或日期跨度的详细信息。这些信息将有助于在大量文献，特别是未提供书名清单的捐赠品中识别出年代更加久远、独一无二且有价值的文献，同时还能找出与现有馆藏的重叠。例如，如果有人愿意捐赠给图书馆 1980 年至 1985 年间出版的 100 本心理学期刊，那么图书馆应该确认本馆是否已经全面收藏这一时期这一主题领域的期刊，以便对是否继续接受这笔捐赠作出明智的决定。

（7）主题范畴：包括捐赠品所涵盖主题的详细信息。图书馆可根据这些信息快速排除基于某些主题领域不予入藏的捐赠品。在没有详细的捐赠清单的情况下，主题信息尤其重要。

（8）物理状态：包括捐赠品状态的详细信息。捐赠者可能不擅长明确描述物品的物理状态，图书馆可以与捐赠者共同填写清单，和（或）考虑在可行的情况下要求捐赠者提供捐赠品的照片。清单可以包含（但不限于）以下问题：①装订是否为原始装订？②装订是否完好？③是否有缺页？④是否有破损页？

⑤是否脏污、泛黄或破损？⑥是否有水渍？⑦是否存在任何形式的污损，例如有铅笔痕迹？⑧如果为视听资料，原始包装是否保留？⑨是否受过虫害或霉菌的侵蚀？

根据捐赠者对上述问题的反馈，图书馆可以对文献的状态进行评定，例如优秀、良好、较差和无法使用。如果图书馆只接收状态优秀或良好的资料，则可根据评定结果决定是否接收捐赠。在某些情况下，图书馆可能愿意接收状态较差的孤本或有价值的资料，但掌握物品状态信息有助于图书馆明确在收到资料时应作何处理，从而避免对其他馆藏资料造成风险，并且在接收之前充分了解修复和保存的成本影响。对于大型捐赠（以及某些情况下的私人捐赠），建议在最终决定接收之前，提前到现场查看。

5.6 特殊条件

一般而言，图书馆不鼓励附加条件的捐赠，并会将此写入图书馆的政策声明中。见第 1 节。为避免错过有价值的捐赠资料，图书馆可在其政策中（1）说明此规定的例外情况，或（2）声明附加限制条件或特殊条件的捐赠将根据具体情况进行个案审核和批准。因此，图书馆应事先就捐赠附带的限制条件或特殊条件作出明确规定，以便在对捐赠品进行估值（货币价值和收藏价值）的同时考虑这些条件所产生的潜在的成本和服务。

下文详细介绍了捐赠者在捐赠时可能附加的一些特殊条件和限制条件：

（1）藏书票。捐赠者可要求在捐赠品上粘贴藏书票，表明由谁捐赠。藏书票的制作和粘贴费时费力，尤其是对于大型捐赠。建议图书馆制定关于粘贴藏书票、表明捐赠者身份的政策。在捐赠品上粘贴藏书票的请求应与所捐赠品的价值一起注明和考虑。

（2）编目。捐赠者会要求在捐赠品目录记录中添加注释，注明其为采访的原始来源。如果这一做法不属于捐赠品编目政策的一般规定，那么图书馆须考虑此要求的实用性和成本影响。

或者，如果在捐赠品的目录记录中添加此类注释是图书馆的一贯政策，则图书馆需要将这一政策明确告知捐赠者。在某些情况下，捐赠者可能会提出，希望在有生之年保持匿名捐赠，因此，目录记录上的此类信息应全部隐匿。

捐赠者可能要求捐赠品在特定时间内入藏并编目。加工和编目，尤其对大型捐赠来说，将耗费大量资源。所捐赠的物品需要与图书馆内其他编目优先事项和工作一并考虑。建议图书馆不要承诺在一定时间内加工和编目捐赠文献，除非可以从捐赠者或其他来源获得额外的加工和编目经费。另外，图书馆最好针对捐赠品的编目方法制定明确的政策声明。

（3）存储。图书馆政策一般规定只接收可以融入现有馆藏的资料。捐赠者（尤其是大型捐赠）会要求图书馆将捐赠品集中存放，或者存储于特定的馆藏/地点。图书馆需要根据捐赠品的价值，衡量此类请求的实用性、可行性、成本以及对保存策略/计划的影响。

（4）资料的访问和使用。图书馆政策通常会规定，一旦接收入藏，图书馆对捐赠品拥有自由处置权。具体包括一系列服务中的使用方式，如在馆和远程服务、营销、展览等。在适用的情况下，图书馆政策也可要求捐赠者将知识产权和类似权利转让给图书馆。

捐赠者可能会要求访问方式的限制条件落实后再进行捐赠。在这种情况下，图书馆应了解捐赠者要求落实限制条件的原因。限制条件可能是暂时性（例如在作者的有生之年有效）或永久性的（例如仅限用户到馆使用）。在这种情况下，图书馆需要考虑这种限制对这批资料的馆藏价值及其收益有什么影响。

捐赠者可能愿意让捐赠品实行开放获取，但希望保留与该捐赠品相关的知识产权。在这种情况下，图书馆仍然可以考虑接收该捐赠品，但需要明确如何与知识产权所有者一起处理使用该资料的请求。或者，捐赠者可能希望保留知识产权，但授权图书馆以特定的方式和（或）在特定时间使用这些资料。

（5）处置。图书馆政策一般规定，接收捐赠的前提是图书馆保留对任何以后可能认为是重复或不再需要的资料进行处置的权利。在某些情况下，捐赠者可能要求将捐赠品永久保存，或者图书馆以后决定不再需要该物品时，则应以特定方式进行处理。此类要求应逐案审核处理。

（6）捐赠品的交付。图书馆应就捐赠品的交付以及包装和运输费用的承担作出明确的规定。如果捐赠者要求图书馆负责捐赠品的包装和运输，那么图书馆应将相关成本与所捐赠物品的价值一起考虑。

（7）宣传。捐赠者可能要求图书馆通过新闻发布会、音乐会、展览和网站等途径公开宣传所捐赠的资料。

6 有关资源需求的考虑

在同意接收捐赠的过程中，图书馆须评估是否有足够的资源（包括人力和经费）用于接收、加工、开放准备及保护和保存捐赠品。需要考虑的成本问题如下。

6.1 文献接收

（1）捐赠文献转让前的准备工作

如果有必要签署正式的捐赠协议，或者如果捐赠者提出要附加特殊条件，在文本准备和法律咨询方面会产生成本。

（2）文献的包装和运输

图书馆可以选择承担包装和运输费用，以确保捐赠品在运送过程中不受损坏。

（3）确保捐赠品的完整性

如果捐赠品作为一套或一个系列是不完整的，图书馆可能需要更多经费来补充缺失部分，以确保向用户呈现完整的馆藏。

6.2 加工

（1）前期工作安排

如果捐赠品体量较大，图书馆可能需要雇佣新的工作人员接收，并采购大量额外物品（例如条形码标签、书脊标签）和设备（例如员工工作站、计算机）。

（2）工作人员的时间付出

应仔细比照捐赠清单进行拆包和检查，确保物品在运输过程中不受损坏，并与馆藏核对是否有重复。专业人员应决定捐赠品的处置方式，如根据适应用户需求的馆藏要求，将其归入某一馆藏，或准备剔除。

（3）完成加工

保留的文献在提供用户服务之前应加盖印戳、作好分类并贴好条码。

6.3　资源开放的准备

必须以用户需求为导向做好捐赠品的开放准备工作。访问方式可通过完整的编目记录或辅助检索工具来实现。

6.4　保护

馆藏保护应落实到位，以确保馆藏处于良好的物理状态。图书馆应安排好馆内人员或外包工作对受损的捐赠品进行修复，以延长其使用寿命。图书馆应考虑捐赠品对档案盒、温度和湿度等条件的要求。

6.5　库房与储存

在接收捐赠之前，图书馆应确认并安排好库房 / 书架 / 储存的空间。不同格式的文献对储存与库存的需求也不一样，例如，地图一般存放于专门的地图柜中，手稿保存在特制的档案盒中。

如果图书馆决定将捐赠品保存在单独的阅览室，则需要额外的经费，例如装修阅览室的费用。可考虑配备针对捐赠品开展小组讨论的空间。

7　捐赠致谢

7.1　感谢函

图书馆应对收到的每一份捐赠品（包括准备签署正式捐赠协议的捐赠品）发送感谢函（见 7.2 节）。

7.2　正式的捐赠协议

对于大规模、价值高或有重要意义的捐赠品，以及捐赠者附加了限制条件的捐赠品，图书馆应签署正式的捐赠协议。该协议应包含捐赠者信息、捐赠品的性质，以及如何管理捐赠品的具体条款。图书馆应事先收集需要写入协议中的基本信息。

（1）应将捐赠者的姓名和地址，以及任何相关第三方（例如代表捐赠者利益的法人、自然人或律师）的姓名和住址写入捐赠协议。

（2）如果捐赠协议规定在签署协议后图书馆有义务因任何原因联系捐赠者，则应在协议中添加标准的"通讯"条款。

（3）如有可能，应在捐赠协议中附上捐赠品的目录或计划书或清单。如无法实现，则应编制一份物品数量清单，例如 25 个箱子、15 延米的文件档、102 张黑胶唱片等。无论何种情况，图书馆应在捐赠品到馆后编制目录或登录记录。

（4）无论何种情况，图书馆都必须确信实际签署捐赠协议的自然人和（或）法人是捐赠品的所有者，且无任何法律障碍（见第5节）。此外，还应附上根据本国法律规定的所有权的声明。

（5）应在协议中附上一份声明，说明捐赠者对捐赠品中的知识产权和（或）版权的意图。图书馆应鼓励捐赠者将捐赠品的版权和（或）知识产权转让至公有领域，方便图书馆自由管理和展示这些资料。通过在捐赠协议中写入适当条款，使捐赠者将知识产权转让给图书馆的同时，在其有生之年亦可保留这些权利。

（6）协议中应包括并尽可能全面地明确捐赠品的访问和使用（包括复制）事宜，包括在馆和远程使用、线下和线上展览。如果捐赠者想要限制部分资料的开放，图书馆在入藏捐赠品前应要求捐赠者指明限制内容。如果捐赠者想要对全部资料附加限制条件，则应明确提出，但在捐赠者要求限制开放的所有情况下，图书馆应在协商中尽量争取缩短限制的时间，或达成符合双方要求的条件。

（7）许多时候，捐赠者在发现新的资料后希望增加进最初的捐赠品中。在这种情况下，建议在捐赠协议中添加"补充"条款，避免为了少量新增资料而重新制定和执行新的捐赠协议。

（8）对于不需要的资料的处置问题，也应写入捐赠协议。对于10张照片或3盘录像带，不需要有处置条款，但对于包含大量手稿的捐赠，如何处置会成为一个问题。最好有专门的处置条款，允许图书馆自行决定转让或剔除这些资料。

见附录中的捐赠协议文本示例。

7.3　其他确认方法

图书馆工作人员可根据捐赠者的要求以其他方式确认捐赠，包括但不限于在捐赠品的编目记录中添加印有捐赠者姓名的藏书票或写明捐赠者姓名的注释。

附录1　正式的捐赠协议文本示例

通讯。捐赠者向图书馆提供当前地址和其他联系信息，以便图书馆履行其职责。图书馆根据记录中的最新地址向捐赠者发送通知和请求。如果图书馆发出的确认信因无法送达而被退回，或者捐赠者或其指定人员在三十日内未作出答复，则视为已授予许可。

所有权。捐赠者保证其拥有捐赠品的有形财产，不存在任何产权负担（留置权）。

知识产权。这是捐赠品的有形财产的捐赠，捐赠者保留其与捐赠品相关的知识产权中可能拥有的所有的权益、所有权和利益，包括但不限于版权。图书馆通过接收捐赠品丰富其馆藏，然而，图书馆对这些有形财产的接收不应被解释为图书馆最终持有这些捐赠品的上述知识产权，实际上此权利仍为捐赠者所持有或专有。

访问。全部捐赠品经加工后，应根据图书馆政策提供给用户使用。但对访问本协议附表中指定的资料，捐赠者和仅由捐赠者或其私人代表书面授权的其他人，在捐赠者有生之年以及卒后五年内，仍保留有权利。此后，所述受限部分应与先前不受限部分一并提供对外开放。但双方知晓，图书馆工作人员出于管理目的应随时有权访问全部捐赠品。

访问。除图书馆工作人员出于管理目的随时有权访问全部捐赠品外，只有捐赠者以及仅限于获得捐赠者书面许可的人，或者在捐赠者死亡的情况下，获得［有联系方式的一人或多人］的许可的其他人有权访问文献，期限为协议之日起 _____ 年内；在此之后，应根据图书馆政策提供给用户使用。

复制。尽管根据前款所述，有关方面保留知识产权相关权益，但获准访问捐赠品的人可以出于研究的目的，［依据本国法律］获得资料的单份复制品，并根据图书馆惯例和流程，获得版权法允许的额外复本。图书馆可以自行决定以任何形式制作捐赠品的保存复本（包括以存档管理和安全保障为目的的保存复本），这些复本应属于图书馆财产。

使用。捐赠品的使用应仅限于有权访问这些资料的人在图书馆所辖的场馆内进行私人研究，以及图书馆的常规存档和管理活动，包括服务、保存和安全保障。图书馆还可以在馆内外展示捐赠品中的部分或全部内容。图书馆可在其网站上或以任何其他电子形式或未来技术使用捐赠品中的内容。

附加条款。对于捐赠者在其给图书馆的捐赠品中时时添加其他相关资料，必须受捐赠协议中的条款，或捐赠者与图书馆此后可能达成的书面修订的约束。

处置。如果图书馆发现捐赠品中的任何内容不适合归入捐赠品集或转至图书馆的其他馆藏中，则应提出将相关部分退还给捐赠者，并允许捐赠者在提议之日起陆拾（60）日内作出答复。如果捐赠者不接收上述资料，或未指定另一家机构接收，或在陆拾（60）日内未对图书馆的提议作出答复，图书馆可根据其处置不需要的馆藏文献的流程处置这些资料。

附录 2　电子文件

概述

电子文件是图书馆馆藏建设活动中日益重要的组成部分。本附录专门针对图书馆接收的电子文件捐赠。此类文件主要与高校图书馆和研究图书馆有关，但对许多类型的图书馆都有较高的价值。电子文件带来了在选择和采访传统实体资料方面不存在的一些挑战，因此建议制定明确的政策，并考虑此类文件在选择和接收上的特殊性。

本附录不涉及开放获取的资源和文件。

定义

"电子文件"是指通过计算机访问的文件，包括个人计算机、大型计算机、手持移动设备以及其他用于再现文本、声音和图像的设备。这些文件可以通过互联网远程访问，也可以在本地访问。

一些常见的电子文件类型包括：

（1）原生数字文件（文本文件、数字图像、多媒体文件、视听文件等），还包括电子数据库（全文数据库、索引和摘要数据库、参考数据库、数字和统计数据库等）；

（2）数字化文件，包括印刷出版物或音频／视听资料的数字化形式。

将电子文件归入图书馆馆藏

获取电子文件的步骤与获取传统格式文件的步骤大致相似，但仍有一些特殊之处。

通过捐赠将电子文件归入图书馆馆藏应遵循图书馆的捐赠政策声明（见第 1 节）。与接收传统实体格式的资料一样，图书馆须向公众说明如何向图书馆捐赠电子文件（见第 2 节）。图书馆应公开说明关于自发性捐赠的政策或偏好（见第 3 节）。

图书馆须明确与电子捐赠品有关的电子文件和知识产权的归属，以及有意捐赠者是否为该财产的合法所有者，或者为实际创作者或所有者的代理人。图书馆应考虑捐赠者可能对于部分或全部资料附加限制条件的情况，如限制访问、限定资料复制条件或限制资料的使用等，了解捐赠者对图书馆存档政策的态度。电子出版物或许无法永久保存。图书馆应考虑自身对所提供的格式处理存档和提供访问的能力，以及电子文件相对于原始文件可能丢失的特性。

图书馆可基于以下方面决定是否接收捐赠的电子文件：

（1）内容和知识层次；

（2）主题；

（3）技术可行性（例如硬件和软件兼容性，以及规格、存储和维护等）；

（4）与现有馆藏是否存在重复；

（5）格式，例如 HTML、SGML、XML、PDF、epub 等，以及 JPEG、MPEG 等媒体格式；

（6）许可，例如在接收捐赠的电子资源时，应关注协议期限、授权用户的定义、未经授权使用的责任、是否遵守图书馆所属辖区（省、州、国家）的适用法律；

（7）功能性和可靠性；

（8）安全性。

在同意接收电子文件捐赠之前，图书馆须评估是否有足够的资源（包括人力、经费和技术）用于接收、加工、提供访问、保护和保存（见第 6 节）。

图书馆应对收到的每一份捐赠品发送感谢函，包括准备为这些捐赠品签署正式捐赠协议。

对于规模较大、价值贵重或具有重要意义的捐赠电子文件，以及捐赠者附加了限制条件的捐赠电子文件，应准备好签订正式的捐赠协议。除了捐赠协议（见第 7.2 节）的基本信息外，图书馆还应提及电子文件的类型和技术要求。为了预防未来可能发生问题，图书馆必须明确下列内容：

（1）捐赠品的所有权属于实际签署捐赠协议的个人和（或）机构，不存在任何法律障碍。

（2）应附上依据本国法律作出的所有权声明。

（3）应附上一份声明，说明捐赠者对捐赠品内的知识产权和（或）版权的意图。图书馆应鼓励捐赠者将捐赠品的版权和（或）知识产权转让至公有领域，方便图书馆自由管理和提供开放。

（4）除非捐赠者另有规定，否则应始终允许馆际互借。至少应允许通过传真或邮寄的方式发送打印的电子文件复印件。

（5）应包含如何访问和使用（包括复制）捐赠品的规定，该规定涉及的范围应尽可能广泛，包括在馆和远程使用。

（6）电子文件的处置问题也应写入捐赠协议。最好有专门的处置条款，允许图书馆自行决定转让或剔除这些文献。

参考文献

British Library *Due Diligence Guidelines*, July 2006.

British Library *Due Diligence Checklist*, November 2006.

British Library Acquisitions Form for donations or private sale (i.e., from non- trade) to the Library, May 2008.

Cassell, K.A. "Handling gift books in libraries: a view from the US." *New Library World*. 106:1216/1217 (2005): 450-453.

Library of Congress Collections Policy Committee *Recommending Officer's Checklist for Gift Acquisition*: a Joint Project of the Anglo-American Acquisitions Division and the Office of the General Counsel, Spring 2003.

Library of Congress Regulation 2-220 *Gifts*, September 17, 2010.

国际图联 0—18 岁儿童图书馆服务指南

IFLA Guidelines for Library Services to Children aged 0–18

第二版（2003 年指南之修订版）
1.1.1 版本

国际图联儿童与青少年图书馆专业组（IFLA Libraries for Children and Young Adults Section）编

卡洛琳·兰金（Carolynn Rankin）主编

2018 年 8 月
由国际图联专业委员会审核通过

翻译：杨乃一、汪超敏
审校：张靖

致谢

国际图联儿童与青少年图书馆专业组谨向所有参与指南审阅、提出意见的人致以诚挚的感谢。

目录

引言···141

   指南所涵盖的年龄范围·······················142

第一部分　儿童图书馆的使命与目的 ·········143

   儿童图书馆的使命·····························143

   儿童图书馆的目的·····························144

   儿童图书馆的治理·····························145

第二部分　人力资源方面的能力与知识 ·····145

   儿童图书馆员的教育、发展和培训···········147

   道德标准和价值观·····························148

   预算和财政资源的筹集及管理···············150

   资金来源···151

   伙伴关系与合作·······························152

第三部分　馆藏建设和管理 ···················154

   载体形式···156

   馆藏建设和管理政策··························156

   实体资源与数字资源··························156

   儿童图书馆中的技术··························157

第四部分　馆内活动和社群延伸活动 ·········158

第五部分　空间设计和温馨场所创建 ·········160

   年龄范围···162

   家具和设备·······································162

照明 ·· 163

标识和导引 ··· 163

图书馆空间的无障碍设计 ···························· 164

健康和安全 ··· 164

用户参与 ··· 164

第六部分　营销和推广 ································ 166

第七部分　评估和影响 ································ 167

参考文献 ··· 169

引言

国际图联儿童与青少年图书馆专业组（IFLA Libraries for Children and Young Adults Section）承接了 2003 年版《儿童图书馆服务指南》（*Guidelines for Children's Libraries Services*）① 的修订工作，以展示儿童图书馆服务中的优秀实践。国际图联标准是经由国际评阅、出版并定期更新的文件，每份标准均反映了关于某一专门活动或服务的原则、指南、最佳实践或模型的当前共识。

众所周知，世界各地公共图书馆的发展现状存在显著差异。对许多儿童图书馆员而言，这些国际图联指南条款将鼓励他们努力为儿童和青少年提供基本的书籍和阅读支持。儿童的能力各不相同，因此，这些指南条款并不是一套通用的理想图书馆设计准则。认识到发展中国家、中等收入国家和工业化国家在社会、文化和经济环境方面存在着巨大差异，这些指南条款仅就可行的方法提出建议。每个公共图书馆有其服务社群，所以它们服务的优先级别和用户需求均不尽相同。因此，《国际图联0—18 岁儿童图书馆服务指南》仅用于支持世界各地儿童图书馆服务的发展和改善。

本指南通过介绍与信息、读写能力和阅读有关的儿童需求

---

① http://www.ifla.org/files/libraries-for-children-and-ya/publications/guidelines-for-childrens-libraries-services-zh.pdf.

和儿童权利，促进和鼓励国际图书馆界为具有不同能力的儿童提供有效的图书馆服务。旨在帮助公共图书馆在数字时代实施高质量的儿童服务并认识到现代社会中图书馆角色的不断变化。国际图联关于《全球愿景》的讨论，展现了图书馆致力于支持读写能力、学习和阅读，在其中扮演重要角色，并关注所服务社群。教育质量与识字普及是联合国《2030 年可持续发展议程》（*2030 Agenda for Sustainable Development*）[①]中的愿景。

本修订版指南为开展儿童图书馆服务和进行相关战略性规划的人士提供最新知识和专业见解。主要目标受众包括：图书馆员、图书馆工作人员、图书馆管理者以及图情院系的学生和教师。本指南可以为决策者和政策制定者提供帮助。这些信息还将使旨在帮助儿童及其家人提高读写能力并提供阅读活动的非政府组织获益。

指南所涵盖的年龄范围

《联合国儿童权利公约》（*United Nations Convention on the Rights of the Child*）[②]将儿童定义为 18 周岁以下的人，本指南的目标年龄范围恰恰对应了 0 至 18 岁。由此涵盖了面向婴儿和幼童、儿童以及青少年的服务与资源。本指南所使用的"儿童图书馆员"这一术语，也涵盖了婴幼儿图书馆员（early years librarians）和青少年图书馆员（young adult librarians）。

儿童图书馆在非商业性公共空间中为当地社群的所有成员

---

① 全名为《变革我们的世界：2030 年可持续发展议程》（*Transforming Our World: The 2030 Agenda for Sustainable Development*）。——译者注

② http://www.un.org/zh/documents/treaty/files/A-RES-44-25.shtml.

提供服务和活动。这其中应包括所有儿童，不论其种族、宗教、性别、文化背景、社会经济地位、智力或身体能力。由于本指南涵盖的年龄范围较广，因此与"青少年"这一目标群体有所重叠，而"青少年"群体可能被界定在童年期和成年期之间。12 至 18 岁通常被视为青少年图书馆服务范围，此范围也有可能延长至 18 岁以后。每个图书馆将设定其青少年年龄范围，这一范围可能因文化背景和国情而各不相同。

需特别指出，儿童图书馆与学校图书馆不同，二者具有不同的使命和目标。公共图书馆和学校图书馆在为儿童提供图书馆服务和培养终生学习者方面有着共同的目的，但二者面向不同的社群需求。有关学校图书馆的更多信息，请参阅《国际图联学校图书馆指南》（*IFLA School Library Guidelines*）（2015）[1]。

第一部分　儿童图书馆的使命与目的

儿童图书馆的使命

儿童图书馆的使命是成为一个信息、学习和文化中心，为多元文化社区的儿童、他们的家人和看护人提供相关语言的、适合其年龄和能力的信息、活动和服务的有效获取途径。支持读写、学习和阅读被公认为是实现这一使命的关键。

---

[1]　https://www.ifla.org/files/assets/school-libraries-resource-centers/publications/ifla-school-library-guidelines-zh.pdf.

儿童图书馆的目的

儿童图书馆的目的是向所有年龄和能力的儿童提供多种媒介形式的资源和服务，以满足他们教育、信息和个人发展方面的需求。这包括娱乐和休闲方面，也包括有益于儿童健康和福祉方面。通过向儿童提供广泛多元的知识、思想和观点的获取途径，儿童图书馆服务在民主社会的发展和维护中扮演重要角色。《联合国儿童权利公约》为儿童和青少年相关图书馆政策的制定和实践提供支持。该公约中有 54 条涉及了儿童生活的方方面面，并陈述了世界各地所有儿童所享有的公民权利、政治权利、经济权利、社会权利和文化权利。儿童应能够依靠图书馆享受他们的信息和教育权利，同时，儿童图书馆员是儿童权利保障的先锋，他们在儿童读写能力发展及阅读之重要性信息传播方面发挥着重要作用。读写能力普及是联合国《变革我们的世界：2030 年可持续发展议程》所认可的愿景。

发展语言、读写能力和阅读的机会至关重要。通过促进儿童及其家人有效地获取资源和服务，儿童图书馆在协助发展上述技能方面扮演着重要合作伙伴的角色。

目标：

（1）保障每一位儿童在闲暇时间得以享受信息权利、读写权利、文化发展权利、终身学习权利以及参与创意活动的权利；

（2）为儿童提供范围广泛的、合适的资源和媒介；

（3）帮助儿童发展数字媒介信息素养技能；

（4）提供针对提升阅读和读写能力的文化及娱乐活动；

（5）为儿童及其家人、看护人提供各种活动；

（6）为儿童消除障碍，倡导儿童的自由和安全；

（7）鼓励儿童成为自信且具有能力的个人和公民；

（8）推进社群合作，共同为社群中的所有儿童及其家人提供活动和服务，包括那些可能在经济上处于弱势地位的边缘群体。

儿童图书馆的治理

治理的含义是制定政策、监督政策的实施。它涉及愿景、涉及对儿童图书馆目的的确认，涉及它预期取得的变化。良好的治理还涉及自律，一个组织应遵循公开透明的标准，诚信行事，诚意行事。

为保持履行其职能所需的服务水平，儿童图书馆应有法律和持续经费的支持。儿童图书馆的管理者需要知道影响图书馆运营的所有法律，包括财务管理、数据保护、健康和安全以及儿童保护和保卫等。为促成有关服务提供的政策制定和可获取资源的有效利用、充足的经费支持对儿童图书馆的成功至关重要。这涉及治理的另一方面，即对资源的良好管理。制定的政策必须实施，以对儿童及其家人的生活产生切实影响。

第二部分　人力资源方面的能力与知识

儿童图书馆员需要具备一系列的技能和素质，包括人际交往技能、社会意识、团队协作和领导才能，以及对于所在组织实践和流程的掌握。配备具有儿童服务专门技能（包括专业知识以及儿童发展心理学理论方面的知识）的员工是重要的。儿童图书馆的有效和专业运转，需要训练有素且尽心尽力的儿童图书馆员，他们设计、策划、组织、实施、管理、评估服务及活动，以满足所服务社群内儿童及其家人的需求。此外，他们将通过移除社会经济环境、文化、特权、语言、性别认同、性取向、能力和其他多样性等方面的障碍支持儿童。

国际图联儿童与青少年图书馆专业组认为，有效率和有能力的儿童图书馆员应能够：

（1）理解儿童发展和心理，包括沟通方式、语言和读写能力及其对图书馆服务的影响。

（2）使用现有技术发现当地社群中所有儿童及其家人的需求。

（3）设计、有效提供和评估各类有趣和有吸引力的项目和活动，以满足当地社群中所有儿童的需求。

（4）示范有关当前儿童文化的知识和管理：文学、游戏、音乐和电影、儿童对于数字内容和媒介的使用，以及有助于儿童馆藏多元性、包容性和相关性建设的其他资源。

（5）紧跟前沿的新兴技术、数字世界和社交媒体，以及上述对于儿童图书馆服务的影响。

（6）为儿童及其家人营造一个舒适而友好的环境，确保他们能够轻松地获取图书馆资源和参与图书馆项目及活动。

（7）促进社群参与和伙伴关系建立。

（8）与社群内其他为儿童及其家人服务的组织进行交流与合作，以实现共同的目标。

（9）与儿童及其家人有效沟通。

（10）为儿童图书馆服务设定目标、制定规划和确定优先事项。

（11）与同事一起创造性地和高效率地开展工作，以实现儿童图书馆的上述目标和优先事项。

（12）对儿童图书馆可获得的预算经费进行规划、管理、控制和评估，以促成服务目的的实现。

（13）进行自我评估，在不断变化的基础上，提高适应能力，并抓住继续教育的发展机会。

更多能力方面的内容可参考美国图书馆协会（American Library Association，ALA）分支机构儿童图书馆服务协会（Association for Library Service to Children，ALSC）《公共图书馆儿童服务馆员资质要求》（*Competencies for Librarians Serving Children in Libraries*）[1]，该建议适用于服务 0—14 岁儿童。另外，美国图书馆协会（ALA）分支机构青少年图书馆服务协会（Young Adult Library Services Association，YALSA）也发布了《青少年图书馆服务馆员资质要求》（*Teen Services Competencies for Library Staff*）[2]。

儿童图书馆员的教育、发展和培训

儿童图书馆服务的质量和效能取决于服务人员的专业性，他们应持续发展自身的专业知识并升级技能。正如《联合国教科文组织／国际图联公共图书馆宣言（1994）》（*UNESCO/IFLA*

---

[1]　http://www.ala.org/yalsa/guidelines/yacompetencies.

[2]　http://www.ala.org/alsc/edcareeers/alsccorecomps.

Public Library Manifesto 1994）①中所述："图书馆员是用户和资源之间的能动中介。为确保充分的服务，图书馆员的专业培训和继续教育必不可少。"

《国际图联继续教育发展指南：原则和最佳实践》（*IFLA Guidelines for Continuing Professional Development: Principles and Best Practices*）②写道，图书馆员和信息从业人员个人对坚持持续学习以不断提高知识和技能负主要责任。然而，雇主也负责为工作人员提供发展项目并支持他们的继续教育。这需要组织承诺以及到位的有效人事政策和程序，并为员工学习预留足够的预算资源和时间。为了拥有训练有素且尽心尽力的儿童图书馆员，教育和培训应覆盖所有领域的服务。其中也包括面向所有群体提供具有文化敏感性的公平服务方面的培训。儿童图书馆管理应成为所有公共图书馆教育项目课程体系的一部分。

道德标准和价值观

儿童图书馆员在从事与儿童及其家人、同事，以及社群内伙伴组织相关工作时，应践行高道德标准。应在平等的基础上对待社群内的所有儿童和青少年，不论其能力和背景如何。儿童图书馆员致力于信息、知识和服务的平等及免费获取。这一点可参阅《国际图联全球愿景报告摘要》（*IFLA Global Vision Report Summary*）③。儿童图书馆员应具备文化能力，不以个人态度和观点区分服务对象、提供服务活动以及选择、展示和利用

---

① https://www.ifla.org/node/91700.

② https://www.ifla.org/node/11885.

③ https://www.ifla.org/node/11905.

服务资源。

由国际图联管理委员会（Governing Board）2012 年签署的《国际图联道德规范与职业操守》（*IFLA Code of Ethics and Professional Conduct*）①，为个体图书馆员和其他信息工作者提供了一系列伦理命题的指南。该指南当然也适用于儿童图书馆员，涵盖以下领域：

（1）信息获取；

（2）面向个人和社会的责任；

（3）隐私、保密和透明；

（4）开放获取和知识产权；

（5）中立、个人诚信和专业技能；

（6）同事关系和雇主 / 雇员间关系；

（7）案例和更多信息请参阅该文件。

国际图联信息获取自由与表达自由咨询委员会（the IFLA Freedom of Access to Information and Freedom of Expression Advisory Committee）收集了 60 多份来自世界各地的图书馆员职业道德规范②。这些指南通常由相关国家的图书馆 / 图书馆员协会通过，在某些情况下或由政府机构实施。关于记录性知识和信息的平等获取以及智识自由等核心价值现已写入《世界人权宣言》（*Universal Declaration of Human Rights*）第 19 条③以及国际图联核心价值④当中。

---

① https://www.ifla.org/faife/professional-codes-of-ethics-for-librarians.

② https://www.ifla.org/faife/professional-codes-of-ethics-for-librarians.

③ http://www.un.org/zh/universal-declaration-human-rights/.

④ https://www.ifla.org/about/more.

预算和财政资源的筹集及管理

正如国际图联全球愿景①所指出，筹资是图书馆面临的最大挑战之一，儿童图书馆需要确保决策者明白（儿童图书馆）的价值和影响。儿童图书馆需要一份合理的预算分配方案以提供满足社群需求的服务和活动。这需要将当地情况纳入考量，同时儿童图书馆员需能够面向其主管部门和外部机构编制筹资提案。不论是在建馆时期还是在后续的持续日常运转时期，充足的经费支持对于儿童图书馆的成功均至关重要。如果长期没有适当水平的经费，便不可能制定服务提供的政策并最大效用地使用可获得的资源。任何活动或计划的实施都可能归结为"这是一个很棒的主意但我们如何支付？"理想状态下，儿童图书馆工作人员应与高层管理人员共同编制预算，探索为当地社群儿童提供优质资源和服务的可能方式。

儿童图书馆员应知道如何识别儿童图书馆的需求，并制定预算计划。为此，他们应该：

（1）了解所属组织的预算编制流程；

（2）了解预算周期的时间表，包括通常以资助现有运作的年度经费为基础拟定的业务预算或岁入预算；

（3）了解预算问责流程；

（4）认识参与预算编制的核心人员。

儿童图书馆预算计划应包括（但不限于）：

（1）新资源（例如图书、期刊、玩具和游戏设备、多媒体

---

① https://www.ifla.org/globalvision.

以及创客空间活动相关的数字资源和设备）；

（2）新设备（平板电脑、游戏控制台）；

（3）与信息通信技术设备、软件和使用许可相关的成本（若所属公共图书馆的总体信息通信技术预算中未包括此类支出）；

（4）物料供应及行政用品；

（5）宣传推广活动及材料；

（6）项目和活动经费；

（7）宣传和营销经费；

（8）馆员培训与发展；

（9）馆员薪酬；

（10）间接费用如租金、保洁、供暖和照明；

（11）图书馆管理系统开支。

薪酬和馆员培训等人员经费可能涵盖在儿童图书馆预算中，也可能纳入公共图书馆总体人员预算中。儿童图书馆员应参与这一部分的成本估算，因为人员经费问题与儿童图书馆的对外开放时长、服务质量和服务范围密切相关。

需要对活动、服务和方案进行监督、评价、审阅和报告。这些信息可以在说明预算使用情况的年度报告中呈现。借此可以表明用于儿童图书馆活动及其资源的总花费是否足以支持其任务的完成和政策目标的实现。年报中应包含图书馆服务和活动质量及其对用户群体影响的证据。（参见第七部分　评估和影响）

资金来源

公共图书馆有多种资金来源，各种来源的资助比例因不同国家的实际情况而不尽相同。主要来源是地方、区域或中央的各级税收和财政补助。图书馆应为项目资金寻求额外的收入来源，其中可能包括资助机构或私人的捐赠、从商业活动或向用户收费获得的收益，以及合作伙伴组织的赞助。不由城市、区域或国家提供资金支持的社区图书馆必须确保每年从其他来源获得经费。

伙伴关系与合作

公共图书馆因其广泛分布、友好易用的基础设施成为当地社群的重要合作伙伴。建立有效和可持续的伙伴关系有助于保障社群内各种能力的儿童获得最佳设施、服务和机会。

儿童图书馆员应在终身学习和教育领域与社群内其他机构和利益相关者协作并发展牢固的合作伙伴关系，以实现最好的社群参与和交融。当组织或机构具备指向合作的政策以实现共享的议程时，或可建立战略层面的伙伴关系。图书馆员具有相互合作、与其他行业人员合作，以及参与社群发展的传统。

儿童图书馆员应充分了解他们的客户群体，并致力于支持多元社群的不同需求。以阅读和家庭学习以及社群所表达的需求为基础，儿童图书馆员被公认擅长与"难以接触"的群体交流，并成功建立伙伴关系。当地社群的特征可能会随着时间而变化，但建立伙伴关系和维持关系网络的需求是不变的。采用社群导向路径有助于调整图书馆员的参与方式，从而使规划和决策具备协作性和参与性。

图书馆工作人员应具备与社群中其他关注儿童需求的组织建立伙伴关系的能力。研究证据表明，图书馆服务与社群内诸如学校、青年工作、医院（医生和儿科专家）及其他医疗保健中心、社会服务、地方企业、文化和艺术团体、志愿组织以及其他非营利组织在内的机构的工作存在天然的关联。与上述任何机构的合作均可以创造更多价值，尤其是在为儿童及其家人提供阅读推广活动或是在消除社群准入障碍时。

社群合作关系的延伸将扩大图书馆的可达范围，从而与新的受众和更多潜在用户建立联系。进而设计和提供新的和完善的服务，以帮助满足社群内儿童及其家人的需求。与当地社群组织的合作为儿童图书馆员提供了以下机会：

（1）准确描述所服务儿童的概况；

（2）在地方层面明确具有语言、经济和文化多样性的社群成员需求及优先事项；

（3）在图书馆及其合作组织中为新的和原有的活动提供宣传机会；

（4）建立共赢的伙伴关系。

学前班、幼儿园和其他教育机构也是儿童图书馆员的重要合作伙伴。儿童图书馆员应为学校提供各种特别活动，例如：

（1）图书馆参访；

（2）图书馆导引活动；

（3）信息素养课程；

（4）阅读推广；

（5）借阅服务；

（6）文化活动；

（7）家庭作业俱乐部和家庭作业辅导；

（8）作者见面会；

（9）专业人员的会面空间。

第三部分　馆藏建设和管理

儿童图书馆应提供各种形式的与发展相适用的资料以满足所有年龄群体的需求。儿童图书馆的馆藏规模和内容并无通用标准。馆藏和服务应包括所有类型的合适媒介、现代技术以及传统资料。图书馆的实体和在线资料应反映广泛的意见、价值观和观点。公共图书馆服务的所有社群均应在儿童图书馆资源中有所体现。儿童及其家人应参与资料选择。馆藏应是具有吸引力的、新近出版的、状态良好的，并以儿童直观易懂的方式组织。

资料的内容应具有多元性和地方性，例如：

（1）资料语种应包含社群内所有当地语言；

（2）由当地作家和插图画家创作的资料；

（3）支持当地学校需求的资源。

应通过提供以下资料，体现可用资源的多样性：

（1）反映包容性，例如性别认同、能力、社会经济背景、性取向和家庭构成的多样性；

（2）在性别和种族代表性方面的平衡。

国际图联的《世界绘本》（*The World Through Picture Books*）①提供了由图书馆员遴选的来自世界各地的绘本，可供儿童图书馆馆藏建设参考。

---

① https://www.ifla.org/node/6718.

必须持续评估和发展图书馆馆藏，以确保社群内所有儿童可以选择反映当地社群文化和世界文化的高质量新近资源。这包括为残障儿童、性少数（LGBTQ+）儿童提供多元文化的资料和资源，帮助他们结交朋友和反抗霸凌。例如，包含残障人士角色的故事可以帮助残障儿童以积极的方式面对自己，并让所有孩子了解他们可能不曾有过的生活经历。

典型的儿童图书馆可提供以下类别的图书馆资料，尽管这一清单并不详尽：

（1）适合所有年龄阶段的小说与非小说；

（2）参考工具书；

（3）使用社群内主要语言撰写的资源；

（4）使用社群内少数群体语言撰写的资源；

（5）计算机游戏；

（6）玩具；

（7）游戏与拼图；

（8）乐器；

（9）学习资料；

（10）有声读物；

（11）传感材料；

（12）婴儿百宝箱；

（13）创客空间项目所需的设备、工具与材料；

（14）与其他社群组织合作，图书馆可以流通诸如发展学习资料等资源（如手语光盘或盲文书籍）。

载体形式

资料应以多种形式提供。儿童图书馆馆藏可能包含以下载体形式，这不是一份详尽的清单，并且新的形式在不断出现：

（1）实体形式（印刷的和电子的），包括图书、有声读物、漫画、杂志、CD、DVD、电子游戏、盲文材料；

（2）数字形式，包括在线流媒体音乐、电影、电子书、教育和娱乐软件、本地和全球教育资源数据库。

馆藏建设和管理政策

每个公共图书馆系统都应拥有一份关于儿童服务的书面馆藏建设和管理政策，由图书馆服务管理机构批准。政策应确保为儿童服务的馆藏获得持续发展。政策声明为未来的规划提供了基础，并将有助于确定优先事项，特别是在分配财政资源时。正式的政策声明可以为图书馆在协调其用户与管理者及资助机构利益时提供参考。这些声明支持组织的既定目的，体现对共同目标的责任和承诺。

关于馆藏建设的更多信息，请参阅《公共图书馆服务：国际图联／联合国教科文组织发展指南》（*The Public Library Service: IFLA/UNESCO Guidelines for Development*）（2001）第 4 章 [①]。

实体资源与数字资源

儿童图书馆的实体和数字资源包括设施、设备和馆藏资

---

① https://www.ifla.org/publications/node/1029.

源。只要可能，资料应提供下载。图书馆网站和数字内容产品应符合《网页内容获取指南 2.0》（*Web Content Accessibility Guidelines*）[①]。请自适应技术人员对设备和服务的可用性进行测试是不错的实践方法。

儿童图书馆员应考虑与专门为阅读障碍人员提供服务的专门图书馆开展合作，以便在图书馆为儿童提供更多资料，或为他们提供送书上门等其他选择。这些专门图书馆可能同时提供专门设计的可完整获取的图书馆目录和数字内容产品。

儿童图书馆中的技术

图书馆员可以辅助培养儿童和青少年的数字素养技能。儿童图书馆积极借助新技术，以支持阅读和学习需求。技术对大多数儿童而言，意味着兴奋、娱乐和乐趣。图书馆应是儿童可以使用技术、获取资源和信息以及学习如何批判性地评估信息的场所。图书馆应向父母、看护人和教育工作者提供如何选择和安全地使用图书馆所提供的技术以支持儿童的技能发展。可能需要进行相关研究，以了解儿童和青少年的数字能力，并实施适当的素养培育活动。

图书馆员应宣传图书馆作为安全场所的角色，并为儿童、青少年及其父母和看护人安全上网提供指导。图书馆工作人员应掌握数字媒体使用的知识和技能。儿童与青少年图书馆部发布的《图书馆的社交媒体、儿童和青少年声明——安全、隐私和在线行为》（*Statement on Social Media, Children and Young*

[①] http://www.w3.org/TR/WCAG20/.

Adults @ the Library — Safety, Privacy and Online Behavior）[①] 提供了相关指导。数字素养活动和教程可以帮助对儿童进行虚假信息、网络暴力、虐待和仇恨活动等问题的教育。

儿童图书馆的信息技术设施配备应与图书馆的成人部门具有相同的优先级别。应提供联机公共检索目录（OPAC）、多媒体工作站、互联网工作站、平板电脑和各种软件（供图书馆内使用或外借）。图书馆常常是高速互联网接入的重要社群枢纽。图书馆员必须考虑其所在国家中涉及儿童上网的法律问题。

计算机、其他数字设备和免费的网络接入可以帮助那些家中没有此类资源的人员缩小重要差距。如果儿童在家中无法上网，可以将资料下载到儿童的设备中或者向儿童外借预装有图书的设备。只要可能，可下载的资料应与内置辅助功能的主流设备（如智能手机和平板电脑）兼容。这些设备减少了对更昂贵的专业技术的需求，并且可以保障残障儿童平等获取的机会。配备有"创客"技术（如 3D 打印机）的图书馆可以使用此类技术制作可获取的活动素材。

第四部分　馆内活动和社群延伸活动

需设计有效的图书馆活动和社群延伸活动以反映当地社群的人口变化和多样性。这需要了解社群的人口组成。儿童图书馆员通过提供反映社群特殊需求的服务、活动和资源，通过参

---

① https://www.ifla.org/publications/node/9961.

与和倾听，与当地社群合作，借此体现其对多样性、包容性和社会公平的认同。图书馆员观察和倾听用户并根据他们的需求制定服务计划是很重要的。

公共图书馆在支持儿童学会阅读、推广图书和其他媒介方面有其特殊的责任。儿童图书馆为儿童提供了体验阅读和探索知识与想象力作品乐趣的机会。应支持儿童及其父母和看护人充分利用图书馆，并培养其使用印刷和电子媒介的技能。儿童图书馆员通过积极干预的方式增加儿童的阅读自信和乐趣，并为他们提供分享阅读经验的机会，从而推广阅读，促进儿童的发展。儿童图书馆应为各种能力的儿童提供特别活动，例如讲故事和与图书馆服务及资源相关的活动。让儿童和青少年参与到诸如阅读俱乐部、作业辅导和众包等活动的共同创作中来也是同样重要的。

相关活动包括：

（1）图书馆导引活动；

（2）信息素养和家庭素养活动；

（3）阅读推广与读者发展；

（4）借阅服务；

（5）阅读俱乐部；

（6）文化活动；

（7）家庭作业俱乐部；

（8）作家见面会和讲故事活动；

（9）性少数群体相关活动（如变装皇后故事时间或彩虹故事时间）；

（10）婴幼儿童谣时间；

（11）手工活动；

（12）编程俱乐部和活动；

（13）创客空间活动；

（14）创意游戏；

（15）音乐和戏剧活动。

为促进社群延伸，图书馆应确保为社群内所有成员提供服务，包括诸如残障儿童、移民、难民和那些被歧视人群等。为支持包容性，图书馆应将馆内可供使用的馆藏和服务告知残障服务组织，并邀请他们参加延伸活动和活动策划。

儿童图书馆员可以与教育工作者接触，他们往往是最早发现有学习障碍（如阅读障碍或孤独症）儿童的人。应在图书馆网页和宣传资料上提供有关无障碍设施的信息。由于活动参与者中的残障儿童并不总是易于被察觉，图书馆的所有活动都应该具有包容性。

第五部分　空间设计和温馨场所创建

公共图书馆内必须为儿童图书馆设置适当的空间。为社群中所有年龄群体提供服务的图书馆建筑内，儿童应获得适当比例的空间。理想的情况是，儿童服务需要在馆舍内有自己的区域。儿童空间应该易于识别且与图书馆的其他部分相区别。

儿童图书馆的空间需要精心设计以满足当前和未来的需求。和馆藏、工作人员以及经费一样，空间也是一种资源，也需要图书馆工作人员的管理。空间的管理除了满足不同年龄群体的需求外，还必须服务于不同类型的活动，例如个人浏览或学习，家庭或青少年团体社交；讲故事、婴幼儿童谣时间、家庭作业俱乐部和作家演讲等大型活动。

图书馆通过提供一系列面向特定年龄群体的服务和设施以吸引儿童和青少年。这包括一个温馨的实体空间，所有年龄段的孩子都应该感受到图书馆是一个友好的、有吸引力的、有挑战性的和无威胁的地方。儿童图书馆是见面、玩耍和交流的地方。它应该是一个能够促进各种想法交流的安全的、支持的、和受欢迎的空间。友好的氛围和良好的设计能鼓励孩子们使用所有图书馆资源，在图书馆阅读和逗留。语言和文学的接触始于书籍和阅读，因此需要有空间让孩子们花时间读书和听故事。

儿童图书馆设施的大小和设计没有统一的标准。在为儿童规划图书馆设施时，应考虑以下因素：

（1）位于中心，如有可能位于一楼；

（2）适合用户年龄范围的设计；

（3）适合包括有特殊需要的人士在内的所有图书馆用户的设计；

（4）为馆藏图书、报纸和杂志、非印刷型资源，以及存储、阅览、计算机工作站、展示区和图书馆工作人员工作区提供足够的空间；

（5）可灵活安排各种活动。该空间应能根据各种活动如音乐、游戏、故事时间、自主学习和数字素养技能工作站等的需要进行使用和重新布置；

（6）适当的标志和导引；

（7）儿童护理空间，如母婴室；

（8）家庭式和全性别厕所；

（9）根据年龄范围设置噪声系数；

（10）适当而充足的自然或人造光；

（11）适当的室温（如使用空调、暖气），以确保全年良好的工作条件；

（12）空间和家具应符合儿童安全规范。

年龄范围

儿童不是一个同质的目标群体。他们的技能、天赋、才能和需求受其年龄、文化、社会和经济背景的影响。图书馆在空间规划和布置中必须考虑这一点。由于儿童图书馆涵盖的服务对象是从婴儿到青少年，涉及的年龄和能力范围很广，空间和家具的设计应该满足他们不同的需求。

为儿童和青少年设计图书馆空间需要专业知识和技能。最重要的是有关行为和信息需求的知识。让这个空间吸引所有年龄段的青少年是一项挑战。他们对图书馆服务的需求、渴望和期望来自他们的生活经历以及社会、教育和文化的影响。随着儿童成长，他们变得越来越独立，对社交越来越感兴趣，图书馆面临的挑战是为他们提供一个友好的空间，让他们在其中交流、社交和享受阅读。

家具和设备

在儿童图书馆，提供一个吸引人的空间是很重要的，舒适是一个重要的考虑因素。图书馆的家具和设备应足够坚固，能承受高强度的使用，因为它会遭遇相当大的磨损。图书馆应购买能够承受高强度使用并易于维修的技术、设备或家具。对于青少年来说，舒适的家具，如沙发、咖啡桌和豆袋椅或其他休闲家具最有吸引力。

摆放书籍的书架应美观。书架应能展示不同的媒介资源，应能在整个儿童区处于较低的位置，以便儿童能够获取资源。然而，不同高度的书架仅适用于部分儿童和成年人。解决这一问题的最佳方式是动态地进行馆藏管理和展示。定期改变空间布局，让所有人在不同地方可以看到和接触到不同的东西，能够扩大人们的选择范围，促进书籍的获取。保持尽可能多的低书架能使所有图书馆用户更易获取图书和其他资料。

照明

照明会影响图书馆空间的感觉和外观，自然光和内部照明技术的结合是有利的。大多数读者喜欢在自然光下阅读，学习空间和创造氛围的反射区需要不同的照明等级。各种各样的氛围灯在为青少年设计的区域中很受欢迎。

标识和导引

儿童图书馆的标识是与用户交流的重要组成部分。用当地社群语言书写的友好标语会让每个人感到更加温馨。使用诸如象形图等视觉或文本标志为儿童指示可获取的资源，应该成为一个显著的设计特色。默启通标识（Makaton signage，使用手势和符号学习沟通、语言和读写技能的一种语言）可以帮助所有儿童及其家人充分获取资源。

图书馆空间的无障碍设计

使用通用的设计方法，设施应能为所有人所使用。

健康和安全

儿童图书馆必须是一个安全的地方，工作人员应该了解当地有关健康和安全的法律法规。

用户参与

让儿童和青少年参与设计他们自己的图书馆空间。在兴建和规划新图书馆时，用户的参与很重要。富有创新精神的图书馆员应该咨询和倾听儿童和青少年关于图书馆空间创造的想法，让他们参与其中。

公共图书馆的丹麦模式——创新设计和良好实践的案例

丹麦图书情报学家多尔特·斯科特－汉森（Dorte Skot-Hansen），亨里克·约丘姆森（Henrik Jochumsen）和卡斯珀·赫尔尼加德·汉森（Casper Hvenegaard Hansen）介绍了一种模式，用以描述公共图书馆从一个被动的以藏书为基础的空间，转变为一个更活跃的沉浸式体验空间，成为当地一个网红点。该模式由四个不同但有所重叠的空间组成：灵感空间、学习空间、会议空间和表演空间。这四个空间共同支持未来公共图书馆的四个目标：

（1）体验；

（2）投入；

（3）赋能；

（4）创新。

这四个空间不应被视作物理意义上具体的"房间"，而更应该是在实体图书馆和网络空间中都能实现的。

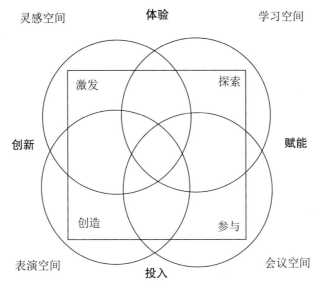

该模型可用于：

（1）作为组织、重组、设计和建造图书馆的工具；

（2）作为发展图书馆的工具，例如借助伙伴关系；

（3）作为制定图书馆计划和政策的管理和沟通工具；

（4）作为与（当地）政客沟通图书馆功用的工具；

（5）作为讨论公共图书馆在民主社会持续发展中功用的出发点。

第六部分　营销和推广

儿童图书馆员应成为图书馆的有力倡导者，在证明图书馆对于加强阅读和读写技能方面的影响和价值上，是国家和地区的领导者。儿童图书馆员关注他们的社群，能够让儿童和青少年参与资源与服务的推广。阅读和读写能力是 21 世纪社会的重要技能，它们的价值必须不断强化。儿童图书馆员可以使用营销技术来发现他们用户的需求并有效地规划以满足那些需求。图书馆还应向儿童和社群宣传其服务和资源。可以鼓励儿童和青少年参与推广他们感兴趣或认为有价值的图书馆服务和资源，同时，可以鼓励志愿服务。

营销即预测并满足客户的需求。它还涉及接触客户并建立联系。这需要图书馆工作人员的努力和创造性，以有效地接触那些没有图书馆使用习惯的人群或者没有阅读文化的区域。儿童图书馆员应积极开展外联工作而不是坐等未能得到充分服务的人走进图书馆。

对于儿童图书馆来说，制定计划以最适合目标读者的方式推广和营销图书馆及其资源是重要的。这可以包括：

（1）积极使用印刷、电子和通讯媒介；

（2）利用社交媒体与儿童、青少年和家庭建立联系；

（3）展示和展览；

（4）有效的馆内外标识和导引；

（5）定期出版资源清单和宣传册；

（6）阅读和读写素养活动以及作家见面会；

（7）设计符合身体及感官残障儿童需求的活动；

（8）书展；

（9）一年一度的图书馆周庆祝活动及其他集中推广活动；

（10）公共演讲活动及社群组织联系。

这并不是一份详尽的清单，可根据当地情况设计其他营销和推广活动。

第七部分　评估和影响

评估是图书馆服务的一个基本而重要的组成部分，也是图书馆规划中的关键环节。它始于策略和计划，并反复进行。作为一种持续的实践，它需要时间和金钱的投入。如果适当的证据被收集和分析，评估可以成为改进活动和服务、沟通决策的工具。它需要与预先确定的目标和结果相关联。对儿童图书馆的服务和活动进行评价有助于了解这些服务和活动是否满足当地社群儿童的需求。评估过程开始时，图书馆应该具有与其愿景和价值观相一致的使命声明。制定一份评估计划是有益的，该计划应该对目标、研究问题以及需要收集的信息和证据类型进行概括。

有关需求和行为的用户研究及图书馆研究可在图书馆和信息处理周期的不同阶段加以使用。第一步是确定要实现什么，重要的是确定什么是有价值的证据及其原因。应采用定量和定性的方法评估儿童活动和服务的成功与否。

《国际图联全球愿景报告摘要》中指出，图书馆有机会更好地了解社群需求，并设计有影响力的服务。图书馆需要确保其利益相关者和社群理解儿童服务的价值和影响。影响力评估可以对一项活动或一份政策进行评估，也可以考察采取了某项干预措施后产生的影响。这类评价的焦点是结果，或是服务和活动对儿童及社群的影响。有一些与图书馆和信息机构相关的国际标准可供参考。如《信息与文献——图书馆影响力评估的方法与流程》（*Information and Documentation—Methods and Procedures for Assessing the Impact of Libraries*）（ISO16439: 2014）[①] 为图书馆界提供了有关图书馆影响力和价值评估的方法。这一标准是响应全球范围内对于图书馆影响评估规范的需求而研制的。

在制定儿童图书馆活动评估计划时，需要考虑一些实际问题：

（1）评估什么？

（2）需要什么类型的证据？

（3）实施评估的最佳时间？

（4）采用何种标准以评判活动绩效？

（5）图书馆活动相关指标必须达到怎样的绩效标准方可视为成功？

（6）如果要在一段时期内进行比较，重复进行评估的难度如何？

（7）基于可获得的证据，可以就活动绩效得出什么结论？

---

① https://www.iso.org/standard/56756.html.

（8）如何根据调查结果改进工作？

国际图联《图书馆与可持续发展目标：讲故事手册》（ *Libraries and the Sustainable Development Goals: A Storytelling Manual* ）[①] 是图书馆员和图书馆倡导者从事宣传工作的指引。该手册为儿童图书馆活动、计划和项目以及它们对于当地社群的影响、对于联合国可持续发展目标的贡献提供了故事分享的数字空间。

参考文献

以下包含《国际图联 0—18 岁儿童图书馆服务指南》所引用的资源。

ALA Competencies for Librarians Serving Children in Public Libraries (2015). Available at: http://www.ala.org/alsc/edcareeers/ alsccorecomps.

IFLA Access to libraries for persons with disabilities-Checklist / By Birgitta Irvall and Gyda SkatNielsen. The Hague, IFLA Headquarters, 2005. (IFLA Professional Reports: 89). Available at: https://www.ifla.org/files/assets/hq/publications/professional-report/89.pdf.

IFLA Code of Ethics for Librarians and other Information Workers

---

① https://www.ifla.org/files/assets/hq/topics/libraries-development/ documents/sdg-storytelling-manual.pdf.

(2012). Available at: http://www.ifla.org/files/assets/faife/news/ IFLA%20Code%20of%20Ethics%20-%20Short.pdf.

IFLA The Public library service: IFLA/UNESCO guidelines for development/ [International Federation of Library Associations and Institutions]. 2001. Ed. for the Section of Public Libraries by Philip Gill et. al. München: Saur. (IFLA publications; 97). Available at: http://www.ifla.org/files/assets/hq/publications/ archive/the-public-libraryservice/publ97.pdf.

IFLA Global Vision Report Summary: Top 10 Highlights and Opportunities (2018). Available at: https://www.ifla.org/files/ assets/GVMultimedia/publications/gv-report-summary.pdf.

IFLA Guidelines for Continuing Professional Development: Principles and Best Practices (2016). Available at: https:// www.ifla.org/files/assets/cpdwl/guidelines/ifla-guidelines-for-continuingprofessional-development.pdf.

IFLA Guidelines for Library Services to Persons with Dyslexia-Revised and extended 2014. Available at: https://www.ifla.org/ files/assets/lsn/publications/guidelines-for-library-services-topersons-with-dyslexia_2014.pdf.

IFLA Libraries and the Sustainable Development Goals: A Storytelling Manual (2018). Available at: https://www.ifla. org/files/assets/hq/topics/libraries-development/documents/ sdgstorytelling-manual.pdf.

IFLA School Library Guidelines (2015). Available at: https://www. ifla.org/files/assets/school-libraries-resource-centers/publications/

iflaschool-library-guidelines.pdf.

IFLA Statement on Social Media, Children and Young Adults @the Library-Safety, Privacy and Online Behavior (2015). Available at: https://www.ifla.org/files/assets/libraries-for-children-andya/ publications/social_media_children_and_young_adults.pdf.

IFLA The World Through Picture Books (2015). Available at: https:// www.ifla.org/node/6718.

International Standard (ISO) 16439 2014 Information and Documentation: Methods and Procedures for Assessing the Impact of Libraries. London: British Standards Institution. Available at: https://www.iso.org/standard/56756.html.

United Nations (2015) Transforming our world: The 2030 agenda for sustainable development. Available at: https:// sustainabledevelopment.un.org/post2015/transformingourworld.

United Nations Convention on the Rights of the Child. Available at: https://downloads.unicef.org.uk/wpcontent/uploads/2010/05/ UNCRC_united_nations_convention_on_the_rights_of_ the_child.pdf?_ga=2.85656529.912118185.1528787806- 357630985.1527926324.

Universal Declaration of Human Rights. Available at: https://www. ohchr.org/EN/UDHR/Documents/UDHR_Translations/eng.pdf.

Young Adult Library Services Association (YALSA) Teen Services Competencies for Library Staff. Available at: http:// www.ala.org/yalsa/sites/ala.org.yalsa/files/content/YALSA_ TeenCompetencies_web_Final.pdf.